매일 아침 1분

매일 아침 1분

1판 1쇄 발행 2008년 10월 20일
1판 3쇄 발행 2025년 10월 30일

지은이 · 신경하
펴낸이 · 주연선

(주)은행나무
04035 서울특별시 마포구 양화로11길 54
전화 · 02)3143-0651~3 | 팩스 · 02)3143-0654
신고번호 · 제 1997—000168호(1997. 12. 12)
www.ehbook.co.kr
ehbook@ehbook.co.kr

ISBN 978-89-5660-266-0 (03320)

• 이 책의 판권은 지은이와 은행나무에 있습니다. 이 책 내용의 일부 또는 전부를 재사용하려면 반드시 양측의 서면 동의를 받아야 합니다.

• 잘못된 책은 구입처에서 바꿔드립니다.

가치 인생을 위한 하루 1분의 좋은 습관
1 Minute Every Morning

매일 아침 1분

신경하 지음

은행나무

들어가는 글

흔히 목사로 부르심을 받았다는 자기 고백을 '소명(召命)'이라고 합니다. 결단 이전에 부르심에 대한 응답이 먼저 있었던 셈입니다. 그렇기에 성공과 실패는 남이 평가하기 전에 내가 먼저 깨닫게 됩니다. 그 부르심에 대한 울림과 응답의 떨림이 여전히 유효하다면 그의 삶은 가히 성공작이라 할 수 있습니다.

그런 점에서 나는 머뭇거리게 됩니다. 갓 스무 살에 신학교에 입학한 후 은퇴를 앞둔 지금까지 한결같은 길을 성역(聖役)으로 자부하고 뛰어왔지만 유감스럽게도 그 존재의 울림과 떨림을 유지하지 못하고 있기 때문입니다. 그 평가는 오직 하나입니다. 세상이 말하는 이름의 높이와 명예의 넓이가 아닙니다. 다만 "네가 나를 사랑하느냐?"는 물음에 대해, 내가 그 사랑을 여전히 간직하지 못했기 때문입니다.

그래서 할 말이 없습니다. 그럼에도 실패작일망정 의미가 있다면 반면교사의 역할 때문일 것입니다. 이 글 모음은 지난 4년간 내가 감독회장으로서 글로, 말로, 몸으로 나눈 이야기들입니다. 듣는 사람의 입장에서 달고 속 편한 이야기는 거의 없습니다. 그러나 물음이 넘치는 시대에 궁리가 많은 이들이나, 길을 묻는 이들에게 구김이 많은 낡은 지도 한 장이 되고 싶습니다. 그러므로 멘토가 된다는 것은 차마 어불성설이라 하겠습니다. 멘토의 중심과 무게가 얼마나 귀한지 잘 알기 때문입니다.

내 인생의 멘토를 한 분 꼽으라면 장모님을 들고 싶습니다. 장가들고 40년 동안 함께 살았으니 아내의 어머니 이전에 내 어머니가 되신 분입니다. 나는 늘 장모님에 대해 내 목회의 절반을 하셨다고 자랑삼아 이야기합니다. 그 표정과 말씨, 기분은 바로 우리 집의 분위기였고, 나를 언제나 백년손님 대하듯 하시는 진중함을 통해 나는 늘 자신을 돌아볼 수 있었습니다. 한마디로 집안의 체온계요, 문밖의 풍향계였던 분이십니다.

내가 누리는 지금의 행복도 그 결실이라 할 수 있습니다. 나는 훌륭한 목사로서는 모자랐지만, 행복한 목사가 되는 데는 과분함을 누렸다고 생각합니다. 여기에는 아주 단순한 비결이 있습니다. 그것은 나와 가까이에 있는 사람들과 최선을 다해 친밀한 관계를 유지하려는 노력 덕분입니다. 그들은 내 확장된 피부요, 내 인생의 에너지원이기 때문입니다.

《매일 아침 1분》은 일용할 양식과도 같은 사랑에 관한 이야기들을 담은 책입니다. 1년 365일 중 주일을 제외한 보통의 날들마다 삶의 소금이 될 만한 313개의 에피소드를 엮어보았습니다. 사족처럼 붙인 명언명구는 평소 설교자의 마음으로 틈틈이 메모해둔 금쪽같은 인용구들입니다. "영원한 것은 잠잠하나 덧없이 지나가는 것은 요란하다"(빌헬름 라베Wilhelm Raabe)는 말이 있듯이 짧은 성찰일망정 구구절절 목사의 잔소리처럼 들릴까 염려스러운 마음입니다.

'인생 이모작'이라고 지금은 두 번째 삶을 준비할 시간이지만, 다시 그 처음 부르심인 '소명'을 기억하고 싶습니다. 나중 부르심인 '소천(召天)'이 가까워질수록 그 사랑을 더욱 깊이 간직하고 싶기 때문입니다.

여기까지 이르도록 인도하신 분들을 생각하면 거듭 감사하는 마음뿐입니다.

신경하

차 례

들어가는 글 4

1
나를 가꾸는 1분 9

2
남을 바꾸는 1분 71

3
만족을 주는 1분 123

4
비전을 세우는 1분 153

5
열매를 맺는 1분 197

6
절망을 이기는 1분 241

7
세상을 밝히는 1분 279

1
나를 바꾸는 1분

시간의 의미

새로운 주간지 창간을 준비하던 헨리 투스(Henry Tooth)는 잡지 이름에 대해 오랫동안 고민을 했습니다. 그는 속절없이 지나가버리는 하루하루를 단 한 마디로 확실하게 나타낼 수 있는 말을 찾고자 했습니다. 마침내 결정했고 그 이름값으로 크게 명성을 떨쳤습니다. 그 잡지가 바로 《타임》입니다.

시간은 무엇일까요? 어린아이라도 지금이 몇 시냐고 물으면 대답할 줄 압니다. 그런데 아무리 해박한 지식의 소유자라도 '시간'이라는 그 자체가 무엇인지를 가르쳐주지 못합니다. 성 어거스틴(St. Augustine)은 말했습니다.

"시간이란 무엇입니까? 만일 아무도 나에게 묻지 않는다면 나는 시간이 무엇인지 알고 있습니다. 그러나 나에게 묻는 자가 있어서 그에게 시간을 설명하려고 하면 나는 모릅니다."

시간은 인류에게나, 혹은 모든 사람 각각에게 가장 구체적인 신비입니다.

"진정한 그리스도인의 능력은 생활 속에서 하나님의 은총을 발견하려는 데서 나온다. 생활 그 자체도 신비일 수 있고, 신비도 생활 속에 존재하게 마련이다."

희망을 파는 가게

남미의 볼리비아에서 카니발이 열렸습니다. 사순절을 앞두고 수많은 인파가 몰려 축제는 성황을 이루었습니다. 거리에는 노점들이 몰려들어 가지각색의 물건을 팔았는데 그중에 어느 노점에서 미니어처라고 불리는 아주 작은 모형들을 취급했습니다.

주인은 손님을 끌어 모으기 위해 이렇게 소리쳤습니다.

"새 차를 구입하고 싶은 사람은 자동차 미니어처를 사세요. 새 집을 장만하고 싶으시다면 저택 미니어처를 사면 됩니다."

사람들은 호기심으로 물었습니다.

"그럼 더 오래 살고 싶은 사람은 뭘 사야 합니까?"

주인은 이렇게 말합니다.

"샌들 하나가 떨어지는 데 보통 1년이 걸립니다. 그러니 1년을 더 살고 싶은 사람은 샌들 미니어처 하나를 구입하세요. 10년을 더 살고 싶으면 샌들 미니어처 열 개를 사면 됩니다."

많은 사람들이 저마다 자기 소원에 따라 미니어처를 구입한 것은 당연한 일입니다. 사실 그 노점은 희망을 팔았던 것입니다.

"진정으로 부지런한 사람은 겨울 눈꽃에서 봄 향기를 맡는 사람이다."

최고의 홍보

홍보에는 네 가지가 있습니다.

첫 번째는 선전(follow me!)으로 '나를 따라오게 하는 것'입니다.

두 번째는 광고(buy me!)로 '나를 구입하게 하는 것'입니다.

세 번째는 홍보(know me!)로 '나를 알리는 것'입니다.

그러나 가장 중요한 홍보는 바로 '나를 사랑하게 하는 것(love me!)'입니다.

네 가지 방법이 모두 중요하지만 결국 네 번째가 승패를 가를 것입니다.

나를 사랑하게 하는 것은 최고의 홍보 방법입니다.

"모든 사람을 위해 존재하기를 원한다면 누구와도 가까워질 수 없다."
— 헨리 나우웬(Henri Nouwen)

인디언식 이름

평생을 오지에서 선교사로 일하던 멜랜드 부부는 네 차례나 이름이 바뀌었습니다.

원주민인 풀리오 인디언들은 처음에 그 부부를 '백인'이라고 불렀습니다. 그것은 과거에 자신들을 괴롭히던 증오에 찬 이름이었습니다. 주민들의 병을 치료하는 멜랜드 부부의 헌신적인 삶은 계속되었습니다. 그러자 '존경하는 백인'으로 이름이 바뀌었습니다. 10년 뒤에 부부가 인디언 말을 유창하게 구사하고 그들의 풍습대로 살게 되자 '백인 인디언'이라고 바꾸어 불렀습니다. 어느 날 부상당한 소년의 발을 씻어주는 모습을 본 인디언들은 "인디언의 발을 씻어주는 백인을 보았는가?"라면서 그때부터 멜랜드 부부를 '하나님의 사람'이라고 불렀습니다.

예전에 영화 〈늑대와 춤을〉을 보면서 이름이 지닌 진실과 상상력에 대해 생각해본 적이 있습니다. 누군가 내게 느낌 그대로 인디언식 이름을 붙여준다면 어떤 이름일까요? 그 이름 속에 고스란히 드러나게 될 내 존재를 생각하면 부끄럽습니다.

"좋은 이름은 인간이 가질 수 있는 최고의 보배이며 최상품의 기름보다 귀중하다."
— 《탈무드》

걷기의 즐거움

  어느 신문에서 253일 동안 미국 대륙을 횡단한 안용민 장로님에 관한 감동적인 기사를 읽었습니다. 거리가 무려 5천 970킬로미터로 기네스북에도 올랐다고 합니다. 안 장로님 개인에게도 영광스러운 일이지만 우리 모두에게 희망을 안겨줄 만한 쾌거였습니다.

  그는 인터뷰에서 "하나님을 업고 걸었습니다"라고 고백하였습니다. 우리는 환영 행사를 통해 "앞으로 평생 한 걸음으로 '걸어서 하늘까지' 주님과 함께 걷는 복된 삶을 사시라"고 축하 인사를 전하였습니다.

  요즘 매일 열심히 걷고 있습니다. 건강 때문에 생긴 습관이지만 병이 이젠 약이 된 셈입니다. 하루 1만 보 혹은 2만 보 이상 걸으면서 이제는 날마다 걷지 않으면 오히려 병이 날 지경입니다.

  베르나르 올리비에(Bernard Olivier)가 쓴 《나는 걷는다》의 부제는 '느림, 비움, 침묵의 1099일'이었습니다. 걷는 일은 평화 그 자체입니다. 지금은 아파트 주변을 뱅뱅 돌거나 사무실에서 집까지 도심을 걷는 일이 고작이지만 언젠가 평화의 발걸음을 넓혀나갈 때가 오리라 기대하고 있습니다.

"만일 아침에 일어나서 자신이 하고 싶은 일을 한다면 그는 성공한 사람이다."
– 밥 딜런(Bob Dylan)

마음의 수술

요즘 많은 사람들이 성형수술을 합니다. 그런데 수술을 하는 이유가 꼭 못생겨서이거나 눈, 코가 비뚤어진 때문만은 아닙니다.

미국의 성형외과 의사 맥스웰 몰츠(Maxwell Maltz)가 조사한 바에 따르면, 성형수술을 받은 후에 환자들의 인생살이가 달라졌다고 합니다. 중요한 것은 "자기 혁신은 내면의 자아 이미지를 바꾸는 데서 출발한다"는 점입니다.

가장 중요한 것은 셀프 이미지입니다. 즉 정신적 성형수술을 통해 자신이 얼마나 소중한 존재인지를 자각해야 합니다. 외과 수술을 통해 자신의 의식과 내면을 새롭게 창조해가는 모습이라고 생각합니다. 이를 통해 자신감, 자기애, 자존감, 자기 희망을 얻음으로써 나부터 희망을 만들어갈 수 있습니다.

더 중요한 것은 영적인 각성이요, 마음의 수술입니다.

"이 세상에서 아주 단단한 것 세 가지는 강철, 다이아몬드, 그리고 잘못된 자아상이다."
– 벤저민 프랭클린(Benjamin Franklin)

아니마와 아니무스

성 차별을 넘어 양성 평등이 시대적 의제입니다. 정신분석학자 칼 융(Carl Jung)의 말이 아니더라도 제대로 된 인격을 갖추려면 남성적 요소와 여성적 요소가 적절하게 균형을 이루어야 합니다. 남성에게는 여성적 요소가, 여성에게는 남성적 요소가 어느 정도 적절하게 있어야 인격적으로 온전합니다.

융은 남성에게 있는 여성적 요소를 아니마(Anima), 여성에게 있는 남성적 요소를 아니무스(Animus)라고 불렀습니다. 여성적 요소인 아니마는 관계 중심 성향을 말하는데 남을 배려하고 남을 위로하며 함께 더불어 살아가는 요소입니다. 반면에 아니무스는 목적 중심 성향으로 추진력 있게 일을 해나가면서 다른 것은 생각하지 않고 목표를 향해 나아가는 요소를 일컫습니다.

남성이든 여성이든 아니마와 아니무스가 적절하게 조화를 이루었을 때에 올바른 인격을 바탕으로 살아갈 수 있다고 합니다.

요즘 말하는 양성 평등의 문제는 바로 조화로운 삶이요, 사회공동체의 인격이라고 볼 수 있습니다.

"한 사람과 한 사람의 결합, 즉 두 사람은 세 가지 인격을 지닌다.
한 사람, 또 한 사람, 그리고 두 사람의 공동체다."

베두인의 칠면조

토머스 프리드먼(Thomas Friedman)은 《베이루트에서 예루살렘까지》에서 베두인 민화 하나를 소개하고 있습니다.

한 노인이 천막 근처에서 칠면조를 키웠습니다. 어느 날 누군가 그 칠면조를 훔쳐 갔습니다. 노인은 아들들을 불러 칠면조를 찾으라고 했습니다. 하지만 아들들은 "칠면조 한 마리가 무어 그리 중요하냐"며 무시했습니다.

몇 주 뒤에는 낙타를 도둑맞았습니다. 아들들이 염려하며 대책을 묻자 노인은 여전히 칠면조를 찾으라고 말했습니다. 몇 주가 지나고 이번에는 말이 없어졌습니다. 이번에도 노인은 칠면조를 찾으라고 했습니다. 그리고 몇 주 후에 노인의 딸이 강간을 당했습니다. 노인은 이렇게 말했습니다.

"모든 것이 칠면조 때문이다. 놈들이 칠면조를 빼앗아 가도 괜찮다는 사실을 알았기 때문이다."

내가 소유한 것 중에서 과연 칠면조는 무엇입니까? 깃털처럼 가벼운 허물에 눈을 감았다가 가장 소중한 무엇인가를 잃어버릴 수도 있습니다.

"신은 인간의 모든 것을 용납할 수 있지만 진지하지 못한 자에게만은 등을 돌린다."
– 헤르만 헤세(Hermann Hesse)

돌아오라

사람들은 나이가 들면서 향수에 묻혀 살아갑니다. 인생의 절반인 마흔 살부터는 과거에 대한 이야기가 더 많아진다고 합니다. 대부분의 사람들은 자기 과거를 아름다운 신화로 만들고 싶어 합니다. 한 소설가는 우리가 진정 사랑하는 고향으로 가는 통로는 단지 기억으로만 존재할 뿐이라고 했습니다. 그것은 아련한 기억으로만 남아 있기에 세상의 지도로는 결코 찾아갈 수 없다는 의미입니다.

미국의 소설가 토마스 울프(Thomas Wolfe)가 쓴 《그대 다시는 고향에 못 가리》에서 주인공은 오랫동안 그리워하던 고향 애시 빌을 찾아갔다가 크게 실망합니다. 추억 속의 고향이 아니었기 때문입니다. 그는 돌아오는 기차에 올라 슬프게 고백합니다.

"나는 고향으로 돌아갈 수 없다. 어제의 평화와 고요함으로 돌아갈 수 없다. 길이 있다면 앞으로 가는 길뿐, 뒤로 가는 길은 영원히 사라진 것이다."

성경은 거듭거듭 "돌아오라"고 말합니다. 그것은 시간상의 과거나 고향과 같은 공간이 아닙니다. 그것은 '삶의 방향', 즉 회심을 의미합니다. 바로 아버지의 집, 그 본향을 향하는 것입니다.

"실향민이란 자기가 떠나온 고향을 삶의 저울추로 간직하며 사는 사람이다."

페이스메이커

소설가 김소진이 쓴 〈마라토너〉란 단편에 한 노장 마라토너가 등장합니다. 그는 스스로 '페이스메이커'라고 부릅니다. 한마디로 중심 선수 옆에서 함께 달려주는 '바람잡이' 역할입니다.

이봉주 선수 같은 히어로 선수들이 잘 뛸 수 있도록 적절하게 보조를 맞춰주기도 하고 라이벌 외국 선수를 견제하기도 합니다. 페이스메이커는 완주를 해도 되고 안 해도 상관없습니다.

누군가 나의 바람잡이가 되어준다면 얼마나 행복할까 하는 생각을 해봅니다. 내가 지치지 않도록, 또는 무리하지 않도록 보조를 맞추어 함께 달려줄 그런 사람이 있다면 내 인생의 달음질은 어떠한 곤경도 이겨낼 것 같은 마음이 듭니다.

때로는 엄마의 손을 쥐고 걸음마를 배우는 어린아이처럼, 때로는 아버지의 넉넉한 등에 업혀 사나운 여울을 건너는 아이처럼, 인생은 내 힘만으로는 살 수 없기 때문입니다.

천천히 걸어가시는 하나님을 따라 한 발자국씩 동행하는 길, 그것이 믿음의 길입니다.

"지혜로운 자는 달리는 중에 이미 행복하다.
그러나 어리석은 자의 행복은 경주가 끝나봐야 결정된다."

소금 같은 사람

소금은 맛의 으뜸입니다. "사위 마음에 들려면 양념이 열두 항아리"란 옛말이 있습니다만, 그 열두 가지 양념에 소금은 들어가지 않습니다. 그러니 소금이야말로 양념은 양념이되 참으로 가난한 양념입니다. 가난한 시절의 반찬인 새우젓이나 간고등어는 얼마나 적절한 짠맛입니까? 그래서 예수님께서는 우리에게 소금처럼 맛을 낼 줄 아는 존재가 되라고 일깨우십니다.

한스 뤼디 웨버(Hans-Ruedi Weber) 목사는 "소금기 있는 그리스도인(Salty christian)"에 대해 이야기했습니다. 예수쟁이 맛도 나고 또 사람 냄새도 나는 그런 사람, 즉 하나님을 믿는 신실함과 더불어 사람 냄새도 풍기는 그런 사람일 것입니다.

이웃과 아무런 관계를 맺지 않는 기독교인은 '맛을 잃은 소금'이나 마찬가지입니다. 우리의 소금기는 자신은 물론 남에게 배어들고 우러나야 합니다.

"세상과 아무 관계를 맺지 않는 교회는 '맛을 잃은 소금' 과 같다."
— 만프레드 코크(Manfred Kock)

건강은 살아갈 힘

나이가 들면서 가장 큰 관심은 건강입니다. 사십대에 운동을 시작하고, 오십대가 되면 건강식품을 찾고, 육십대가 되면 약을 입에 달고 삽니다. 사실 건강은 병약한 것만이 문제는 아닙니다. 독일의 신학자 몰트만(Jürgen Moltmann)은 건강은 단지 육체의 튼실함뿐만이 아니라 살아가는 힘, 고난마저 견뎌낼 힘이라고 했습니다.

현대인들에게 가장 큰 병은 스트레스입니다. 이는 누구나 잘 알지만 그 본질을 극복하려는 문제의식은 별로 없습니다. 누구나 몸무게를 줄인다고 고민하지만 공복감을 잘 다스리지 못합니다.

마음의 감동과 삶의 의미를 바라면서도 고작 인스턴트식 감동과 소모적인 의미를 찾는 일에 낭비를 합니다. 가끔은 근심 많은 철학자가 되었다가 때로는 문제의식 없이 살아가는 돼지가 되어 버립니다. 그렇게 살다 보니 종종 자신이 짜증스러워져서 스스로에게 화를 냅니다.

"왜 화내니?"는 리투아니아어로 "왜 거품이 되어가니?"라는 의미라고 합니다. 강건함은 모든 이들의 소원입니다.

> "육체가 약하면 약할수록 육체는 영혼에게 점점 더 많은 명령을 내린다.
> 그러나 육체가 강하면 강할수록 육체는 영혼에게 복종한다."
> – 장자크 루소(Jean-Jacques Rousseau)

웨슬리의 일기

남다른 일기를 남긴 사람들에게는 남다른 삶이 있습니다. 안네 프랑크(Anne Frank)의 일기는 문학이 되었고, 김성칠의 일기는 역사가 되었으며, 윤치호의 일기는 이미 고전이 되었습니다.

사람들은 자기반성과 성찰을 위해 일기를 쓰지만, 이미 삶을 마감한 일용할 생활의 기록은 더 이상 그의 것이 아닙니다. 그들의 일기에 담긴 이야기는 삶의 보편성을 지니고 있습니다. 그래서 역사는 기록하는 자들의 것이 되었습니다.

존 웨슬리(John Wesley)에게는 중요한 생활 원칙이 있었습니다. "하루의 처음은 성경으로 시작하고, 하루의 마감은 일기로 끝낸다"는 것입니다. 그는 스물두 살이던 1725년 4월 5일부터 일기를 쓰기 시작하여 여든여덟 살까지 사는 동안 평생 일기를 기록하였습니다. 일기 쓰기는 일용할 경건한 행위였습니다.

존 웨슬리의 신실한 경건의 원칙은 그 당시 이론의 종교를 은총의 종교로, 머리의 종교를 가슴의 종교로, 입술의 종교를 삶의 종교로, 의인의 종교를 죄인의 종교로 전환시켰습니다.

"하루를 닫으며, 또 시작하며 자기 자신의 고유함, 유난함을 바라보는 것은 성숙한 태도다. 사실 스스로 자신을 창조한 사람은 없다. 내 인생 자체가 선물이다."

가족에 미쳐라

에마 봄베크(Erma Bombeck)는 《가족에 미쳐라》에서 이렇게 말합니다. 흔히 생각하기를 자녀들이 사춘기가 되고 성인으로 자라나면 부모나 형제자매보다 친구에게 더 관심을 쓰는 것처럼 보이지만 실제로는 결코 그렇지 않다는 것입니다. 사람의 중심에는 같은 유전자를 지닌 가족이 굵은 뿌리로 남아 있습니다.

인생의 정원에는 두 종류의 식물이 함께 자라고 있습니다. 친구라는 존재는 제때 물을 주고 계속 거름을 주지 않으면 꽃을 피우지 못하는 '한해살이 식물'이지만, 가족은 오랜 부재와 무관심이라는 가뭄을 견디어내면서도 해마다 어김없이 싹을 틔우는 '여러해살이 식물'입니다. 우리는 여러해살이 식물인 우리 가족의 자녀들, 올리브나무, 무화과나무, 포도나무, 그 희망의 나무들을 위해 신앙의 유산을 남기려고 힘써야 합니다.

그리하여 그 신앙의 뿌리를 기억하고 믿음의 모태를 존중하며 포도나무이신 예수님 안에 머물러야 할 것입니다.

> "이것은 할아버지의 도끼다. 아버지는 도끼의 날을 바꿨다. 나는 도끼의 자루를 바꿨다. 모든 것이 바뀌었지만 여전히 할아버지의 도끼다."
> – 폴란드 속담

추천서

그리스 철학자 플라톤(Platon)은 "훌륭한 선생은 그의 교훈을 희미해지는 잉크로 쓰거나, 말하지 못하는 글자로 쓰지 않는다"고 했습니다. 그는 제자를 찾으면 그의 교훈을 가르치되 머리가 아닌 마음에 새긴다고 합니다. 바로 예수님께서 사용하신 방법이었습니다. 예수님은 사람들의 마음에 쓰셨습니다. 그것은 감동의 추천서였습니다.

모든 그리스도인은 원하든 원하지 않든 예수님을 위한 하나의 추천서요 광고판이라고 할 수 있습니다. 예수님의 명예와 교회의 명예는 바로 그리스도인들이 하기에 달려 있습니다.

우리는 팔고 있는 상품을 보고 그 상인을 판단하며, 만들어진 물건을 보고 그 기업을 판단할 수 있습니다. 구체적으로 말하면 사람들은 바로 나를 보고 예수님을 판단할 것입니다.

앉은 자리가 뜨겁습니다.

"그 사람이 옳음을 증명하는 길은 두 가지다. 하나는 올바른 자에게 칭찬을 듣는 일이고, 또 하나는 옳지 못한 자에게서 비방을 당하는 일이다. 나중 것이 더 궁극적인 증거다."

장아찌 인생

뜨거운 여름에 사람들은 무더위에 지쳐 입맛을 잃기 십상입니다. 물론 제철에 맞는 별미도 있을 테고 외려 한여름에 식도락을 즐기는 사람도 있을 법합니다. 마땅한 찬거리가 없던 시절, 소금물에 절인 오이지를 송송 썰어 갖은 양념을 넣고 무쳐 먹거나 찬물에 우려내어 냉국으로 먹던 기억이 납니다. 혹서기의 일품 요리였습니다.

누구나 겪어야 했던 보릿고개 시절에 끼니마다 먹던 장아찌조차 입맛이 달아난 요즘은 그리워집니다. 마늘과 오이, 깻잎 등을 된장, 고추장, 간장 속에 박아둔 장아찌들은 집집마다 별난 장맛과 간의 향기를 전해준 진정한 별미였습니다. 거기에는 서양식 오이피클이나 일본식 단무지하고는 차원이 다른 우리 민족 특유의 짠맛과 향기가 배어 있었습니다.

문득 장아찌의 경제학을 떠올립니다. 낭비와 소비가 일상화된 요즈음, 나부터 조금씩 짭짤하게 살아보면 어떨까 생각합니다.

가난했던 시절에는 오히려 인심이 후해서 장맛 제대로 밴 장아찌를 이웃과 나눠 먹기도 했습니다. 그렇게 나눔을 실천한다면 은은한 삶의 맛이 우러나오지 않을까 싶습니다.

"높은 차원의 삶을 그대가 원한다면 한층 더 밑을 내려다보라."
– 앤드류 머레이(Andrew Murray)

말, 존재의 힘

사람들이 가장 경계하는 것은 말입니다. 화근은 언제나 말에서 시작되기 때문입니다.

현대 과학은 사람의 말을 녹음할 수 있습니다. 놀랍게도 미래 과학은 오래전에 했던 말까지 끄집어내어 녹음할 수 있다고 합니다. 사람이 한번 한 말은 없어지는 것이 아니라 특수 전파로 남아 우주 공간에서 떠돌아다니기 때문이랍니다.

자나 깨나 '말조심'할 일입니다. "말이란 존재의 집"이라고 한 하이데거(Martin Heidegger)의 정의가 아니더라도 말은 인간 존재를 오롯이 드러내는 도구입니다. 작은 성냥불이 커다란 시장을 잿더미로 만들 수 있듯이 사람의 작은 혀 하나가 인생을 망치기도 하고 성공하게도 합니다.

우리가 범하는 많은 죄악이 혀로부터 시작되는 것을 누구도 묵인할 수 없습니다. 우리는 자신이 어떤 종류의 언어를 사용하는지 살펴보아야 합니다. 혀는 위대한 창조를 가져올 수도 있고, 동시에 커다란 파괴를 가져올 수도 있습니다.

"입과 혀를 지킬 수 있는 사람은 역경 속에서도 자기 목숨을 지킬 수 있다."
— 《성경》 잠언 21:23

알파벳 '베트'의 의미

'알파벳'은 히브리어 첫 두 글자에서 따온 낱말입니다. 즉 '알렙'과 '베트'의 합성어입니다. 히브리어 의미에 따르면 알렙은 저주의 뜻을 담고 있고 베트는 축복을 의미합니다.

성경의 첫 문장은 한글 '그' 자와 비슷한 '베트'로 시작합니다. 오랫동안 유대인들은 성경의 시작이 왜 첫 번째 글자인 알렙이 아니라 두 번째 글자인 '베트'로 시작하는지 의문을 품고 많은 궁리를 했습니다.

베트(bet)는 위, 아래, 오른쪽 세 방향이 막혀 있고 왼쪽만 열려 있습니다. 마빈 토케어(Marvin Tokayer)는 《유대 지혜의 원천》에서 이렇게 설명합니다.

"먼저 위가 막혀 있다. 즉 자기 위에 있는 하나님이 어떤 분이신지를 평생을 소비하며 생각해서는 안 된다. 아래는 죽음을 뜻하는데, 죽음에 대해 평생을 허비하며 생각해서는 안 된다. 막힌 오른쪽은 뒤에 해당하는데 자신이 남겨둔 과거에 집착해 붙들려서는 안 된다. 그리고 왼쪽이 열려 있는 것은 앞으로 나아가라는 의미다."

히브리어는 오른쪽에서 왼쪽으로 씁니다.

"희망을 가진 사람에게 다가올 미래는 결코 불안하지 않다.
미래는 늘 기대할 만한 것이다."

11월의 등불

11월은 1년 열두 달 중에서 가장 경건하게 다가옵니다. 어둠이 깊어가는 계절 분위기나 나무마다 낙엽이 떨어져 풍성한 옷을 벗고 앙상한 가지들이 드러난 모습에서 오히려 자연의 경건함이 느껴집니다. 교회의 달력은 11월에 마무리를 하고 시작을 합니다. 그래서 전통적으로 묵상의 달이고 기도의 달입니다.

이 시대 사람들은 점점 자기 내면에 관심을 기울이고 있습니다. 사실 신앙은 육적인 삶과 마찬가지로 영적인 삶을 믿고 신령한 삶을 추구하는 태도에서 시작합니다. 예수님께서 미혹에 들지 말라고 하신 당부는 바로 어두운 영적 상태에 등불을 밝히라는 의미이고, 때와 징조를 분별하라는 말씀은 등불의 심지를 돋우라는 권면일 것입니다.

내 안에 등불을 켜는 일은 나를 통해 하늘의 빛을 반사하고 세상의 따뜻함을 느끼는 아름다운 일입니다. 더 나아가 신령한 삶을 통해 맑은 영혼으로 시대의 징조와 하늘의 뜻을 분별할 수 있어야 합니다.

"구원의 새벽을 앞두고 어둠은 한층 깊게 마련이다. 참된 자유를 소유할 수 있는 사람은 어두움과 두려움을 분별할 줄 아는 눈을 가지고 있다."

첫째 사랑, 둘째 사랑

헨리 나우웬은 사랑을 첫째 사랑과 둘째 사랑으로 나누어 설명합니다.

무조건적이고 무제한적인 사랑은 '첫째 사랑'입니다. 사도 요한은 서로 사랑하라면서 그 이유는 하나님께서 우리를 먼저 사랑하셨기 때문이라고 했습니다. 자신이 아무 조건이나 제한 없이 사랑받고 있다는 사실을 아는 사람은 거의 없습니다. 그만큼 첫째 사랑은 가치를 인식하기가 쉽지 않습니다.

부모와 스승, 배우자, 친구로부터 받는 인정이나 애정, 연민, 격려와 지원 등은 바로 '둘째 사랑'입니다. 이 사랑은 한계가 있고 깨어지기도 쉽습니다. 둘째 사랑의 이면에는 거절이나 거짓, 폭력, 심지어 증오심까지 도사리고 있을 수 있습니다. 세상에 존재하는 우정과 결혼, 그리고 공동체에서 나누는 둘째 사랑에는 긴장과 스트레스가 있게 마련입니다.

사람들 사이에서 오가는 둘째 사랑은 하나님이 주시는 첫째 사랑의 깨어진 모습일 뿐입니다. 하나님이 아무런 어두움이 없는 첫째 사랑을 우리에게 주셨다는 사실은 정말 기쁜 소식입니다.

> "세상에서 홀로 할 수 없는 것이 두 가지 있는데 하나는 결혼이요,
> 다른 하나는 그리스도인이 되는 것이다."
> – 폴 투르니에(Paul Tournier)

가정 복음

부모 자식 관계가 위기를 맞고 있다는 이야기를 많이 듣습니다. 부모의 권위가 예전만 못하게 되어 '탈권위 시대'요, 점점 이른 나이에 부모의 품을 벗어난다고 하여 '탈품위 시대'라고 말들 합니다.

부모의 자식 사랑에 관한 한 우리나라는 가히 세계적입니다. 우리 속담에 "내리사랑은 있어도 치사랑은 없다"는 말이 있습니다. 부모의 자식에 대한 사랑은 '무한연대책임'이지만, 자식이 부모에 대해 책임을 지는 것은 '선택사항'일 뿐입니다. 이제 자식은 형편이 되는 한에서만 부모를 돕습니다.

요즘 생명보험, 암보험 등 많은 보장성 보험제도가 있지만 '가정 보험'만한 것은 없었습니다. 그러나 세상이 변하여 더 이상 가정은 보험 노릇을 하기 어렵게 되었습니다.

성경은 우리에게 '가정 보험'보다 더 좋은 '가정 복음'에 대해 말합니다. 그것은 행복한 삶을 약속하고 있습니다.

> "'네 부모를 공경하여라'한 계명은 약속이 딸려 있는 첫째 계명입니다."
> – 《성경》 에베소서 6:2

하나님의 눈동자

사람은 태어나서 죽을 때까지 많은 시선들 가운데서 살아갑니다. 어떤 때는 남의 시선을 받는 것을 좋아하고, 또 어떤 때는 눈총을 피해 살려고 합니다. 어머니는 아기와 눈을 맞추면서 사랑을 전하고 여성들은 주변 사람들을 의식해 화장을 하고 옷차림에 신경을 씁니다. 누군가 나를 바라본다는 사실은 때로 고맙고, 흐뭇하고, 감격스럽지만 한편 조심스럽고 두려울 때가 있습니다.

흔히 하는 말로 '남의 눈 밖에 나는 일'이 얼마나 부담스럽습니까? '남의 눈총'을 받으면 얼마나 불안합니까? '남의 눈치'를 살피는 일은 얼마나 부자유합니까? 그렇다고 나를 보는 이가 아무도 없다면 삶은 참 무미건조할 것입니다.

신앙생활이란 하나님이 나를 보고 계신다는 사실을 의식하며 사는 것을 말합니다. 가까운 사람에게 잘 보이려고 꾸미듯이, 내 겉모습뿐만 아니라 나의 중심을 환히 아시는 하나님의 눈동자를 의식하며 산다면 우리 삶은 얼마나 정직하고, 책임감 있으며, 평화로울까요?

> "나를 던지는 그분을 믿어라. 그는 너를 사랑하고 전혀 예상하지 못한 방법으로 너를 다시 붙잡아줄 것이기 때문이다."
> – 하페 케르켈링(Hape Kerkeling)

어린 종

어느 원로 목사님의 이야기를 들었습니다. 그는 스물세 살에 목회를 시작했는데 나이 든 교인들이 기도할 때마다 자기를 가리켜 "어린 종, 어린 종……" 하더랍니다. 참 귀가 따갑게 들었다고 합니다.

마흔 줄이 되어 이제 나이가 좀 들었다고 생각했는데, 여전히 "젊은 종, 젊은 종……" 했습니다. 그래서 스스로 생각하길 '나는 언제 어른 종이 되나?' 했습니다.

이제 은퇴하고 보니 그때 '어린 종, 젊은 종' 시절이 얼마나 행복했는지 모른답니다.

어떤 위대한 사람도 시작할 때는 연약함과 서투름으로 걸음을 뗍니다. 때로 지도자들은 '어린 종' 노릇을 일부러 선택할 필요가 있습니다. 나이가 들면 쉽게 둔감하고, 얼른 타협하고, 눈감고 모른 체하는 일이 많아집니다.

죄인은 낙엽이 부스럭거리는 소리에 민감하고 연주자는 음감에 민감합니다. 마치 어린아이가 주위에 민감한 것처럼 기도하는 사람은 내면의 음성에 민감해야 하고, 그리스도인이라면 하나님의 거룩하심과 공의에 민감해야 합니다.

"나는 그저 하나님의 손에 쥐어진 몽당연필에 불과합니다."
— 마더 테레사(Teresa of Calcutta)

색깔 있는 삶

지금은 과연 색깔의 시대입니다. 상품의 질과 가치를 결정하는 것은 심플한 디자인과 품격 높은 색상입니다. 인간도 마찬가지입니다. 자기 색깔이 없는 사람은 더 이상 환영받지 못합니다.

색깔에는 고유한 특성이 있습니다. 빨간색을 싫어하는 것은 자신감과 의욕에 문제가 생겼다는 증거라고 합니다. 흔히 초록색은 자연환경을 상징하지만 금전운을 가져온다는 속설도 있습니다. '블루 오션'은 경쟁자가 없는 시장을 뜻합니다.

색깔로 리더의 특징을 말하기도 합니다. 골드는 카리스마의 소유자이고, 레드는 꼼꼼한 지도자이며, 블루는 새로운 시도를 즐기고, 그린은 평화를 중시하는 인간 중심의 리더입니다.

또 색깔은 인간의 상태를 구분하기도 합니다. 화이트는 갇힌 자, 레드는 병든 자, 블루는 나그네, 그린은 장애인을 말합니다.

교회도 오랫동안 고유한 색상을 사용했습니다. 신부의 회색은 색의 세계를 떠나는 것이고, 주교의 자주색은 순교의 빛을 의미했습니다. 무지개는 하나님의 약속입니다. 그 색의 세계에 참여하는 일은 자기 자신을 포함시키는 새로운 창작의 세계입니다.

"하나님은 빨간색이다. 그 빨간색은 사랑을 뜻한다."
– 마르크 샤갈(Marc Chagall)

나는 누구인가

사람이 머무는 공간에는 어디든 거울이 걸려 있습니다. 굳이 멋쟁이가 아니더라도 사람들은 수시로 거울을 봅니다. 거울을 통해 비쳐지는 자신의 모습은 어딘가 불완전합니다. 그래서 힐끔힐끔 쳐다보면서 머리카락을 정리하고 넥타이도 매만져봅니다.

늘 남을 의식하는 직업을 가진 사람은 거울조차 의식할 수밖에 없습니다. 예전에 시무하던 교회의 강단 입구에 거울이 걸려 있었습니다. 설교하기 전에 몸가짐을 바르게 하라는 배려였습니다. 어느 날 무심히 거울 앞에 서 있다가 문득 물었습니다.

'나는 도대체 누구인가?'

자기 내면을 들여다본다는 것이 얼마나 어려운 일입니까?

흔히 현대를 가리켜 '지식과 정보의 시대'라고 합니다. 누구든 쉽게 남의 이력을 들춰볼 수 있습니다. 그런데 정작 '나는 누구인가?'라는 질문에는 대답이 망설여집니다.

거울 속에 존재하지만 결코 드러나지 않는 나, 그와 솔직하게 대화하고 싶습니다. 종종 내 자화상을 다시 매만지고 싶습니다.

"남의 죄는 눈앞에 있고 자신의 죄는 등 뒤에 있다."
— 세네카(Lucius Annaeus Seneca)

패러다임

한때 시계 하면 스위스 제품을 꼽을 때가 있었습니다. 물론 디지털의 발달로 아날로그시계는 겨우 명맥만 잇는 형편이 되었습니다. 그러나 시계 산업에서 스위스가 주도권을 잃은 진짜 이유는 따로 있다고 합니다. 시계에는 반드시 톱니바퀴, 태엽, 바늘이 있어야 한다고 고집한 까닭입니다.

일상생활 역시 빠른 속도로 변해갑니다. 10년 전만 해도 DMB 폰이나 내비게이션 등은 상상도 못했습니다. 한 세대 전만 해도 자가용이 일상화되고 주 5일제로 일한다는 것은 상상 속의 유토피아였습니다.

더 이상 "10년이면 강산도 변한다"는 속담이 유효하지 않습니다. 엄청나게 빨라진 환경의 변화는 전통과 기성에 안주하는 어리석음을 용납하지 않습니다.

구체적으로 내 삶의 체질 개선과 사고방식의 개혁이 요구됩니다.

> "인생에 과감한 도전이 없다면 그 인생은 아무것도 아니다. 인생에서 안전에 대한 집착은 미신에 집착하는 것과 다름없다. 안전이란 자연 상태에서는 존재하지 않는다."
> – 헬렌 켈러(Helen Keller)

나도 거기에 있었어요

네덜란드의 유명한 화가 렘브란트(Rembrandt Harmenszoon van Rijn)는 많은 자화상을 남긴 것으로 유명합니다.

또한 여러 작품에 자신의 얼굴을 그려 넣었습니다. 예를 들어 〈순교자 스데반〉에는 스데반을 향해 돌을 던지는 성난 군중 가운데 한 사람으로 자신을 그렸고, 〈빌라도의 법정〉에는 예수님을 십자가에 못 박으라고 고함치던 유대인 패거리의 한 사람으로 표현하였으며, 〈돌아온 탕자〉에는 탕자의 모습으로 자신을 남겼습니다.

렘브란트는 그림 속에서 이렇게 외칩니다.

"나도 거기에 있었어요."

그는 아버지를 등지고 집을 나간 둘째 아들의 마음으로, 예수님을 십자가에 못 박은 사형 집행인의 심정으로, 복음을 부정하는 살인자의 부끄러움으로 예수님께 다가서려고 했던 것입니다.

십자가 앞에 설 때 우리는 렘브란트처럼 죄인의 심정일 수밖에 없습니다. 이러한 입장 바꾸기를 통해 우리는 하나님의 위대한 구원 드라마에 참여하게 됩니다.

"하나님은 모든 범죄에 대해 목격자를 하나씩 남겨두신다."
– 세나드 메다노비치

영적인 사람

가톨릭 사제이자 작가이기도 한 헨리 나우웬은 《예수님의 이름으로》에서 교회에 대해 다음과 같이 우려했습니다.

"요즘 보면 교회들이 교황권, 여성 안수, 성직자의 결혼, 동성애, 산아 제한, 낙태, 안락사 같은 이슈를 다룰 때 주로 도덕적 수준에서 벗어나지 못하고 있습니다."

이는 어느 것이 옳고 그른가를 단지 도덕 기준으로만 판단하는 데 대한 안타까움입니다. 그는 우리를 향해 이렇게 말합니다.

"이 시대를 달구는 이슈에 대해서만 박식한 의견을 가져서는 안 됩니다. ……하나님과의 깊은 인격적 관계에 뿌리내리지 못한 채 세상의 이슈들을 다루다가는 자칫 자아가 분열되는 상황을 초래할 수 있습니다."

사실 모든 질문에 대해 그리스도인다운 문제의식과 성찰, 역사 반성이 필요합니다. 우리는 도덕적인 사람이 아닌 영적인 사람이 되어야 한다는 그의 지적에 무릎을 칩니다.

"나는 성경에 매였고 내 양심은 하나님 말씀의 포로가 되었다."
– 마틴 루터(Martin Luther)

팔복의 말씀

미션스쿨인 어느 대학에서 성경 시험을 보는데 마태복음 5장에 있는 팔복의 말씀을 외워서 쓰게 했답니다. "심령이 가난한 자는 복이 있나니 천국이 저희 것임이요"로 시작해 "의를 위하여 핍박을 받은 자는 복이 있나니 천국이 그들의 것임이라"로 끝나는 산상설교의 백미인 팔복의 말씀은 우리 모두에게 참다운 행복에 대해 물음을 던지고 있습니다.

그런데 여학생 세 명이 줄줄이 앉아서 똑같은 답안을 냈습니다.

"10년이 가난한 자는 복이 있나니……."

'심령'이란 낱말을 이해하지 못한 채 남이 불러주는 대로 답안을 쓰다 보니 '10년'이라고 잘못 쓴 것입니다. 그런데 사실 "10년이 가난한 자는 복이 있나니……"라고 읽어도 은혜가 됩니다.

이 이야기를 들은 어느 분이 이렇게 말했답니다.

"10년만 가난하라면 누군들 고생스러운 일을 마다하겠습니까?"

10년 동안만 가난을 참으면 복이 온다고 한다면 모두 잘 참고 인내할 수 있을 것입니다.

"유머의 꽃은 슬픈 시대에 핀다."
– 유대 격언

문학가

기독교는 말씀의 종교입니다. 그 복음은 말로 선포하였지만 글로 기록되어 오늘 우리에게 전달되었습니다. 말씀이 온갖 문학 양식으로 표현되어 다양한 그릇에 담기고 문화의 옷을 입음으로써 더욱 사람들에게 가까이 접근할 수 있게 되었습니다.

문학가는 그 시대의 예언자였습니다. 그리스의 소설가 니코스 카잔차키스(Níkos Kazantzakís)는 이런 말을 남겼습니다.

"내가 펜을 드니 신이 쓰시더라."

얼마나 당당하고 위엄 있는 자기 고백입니까? 감동적인 글은 글솜씨 이전에 삶의 진실, 역사의 음성, 시대의 징조를 느끼게 함으로써 가능합니다.

글을 쓰지 않더라도 우리는 살아 있는 하나님의 작품들입니다. 우리가 하나님이 원하시는 일을 하고, 하나님이 즐거워하시는 행동을 하고, 하나님의 사람으로 살아간다면 하나님께서 여러분을 기뻐하실 것입니다.

"모든 인간의 마음에는 하나님만이 차지하는 빈 공간이 있다."
– 파스칼(Blaise Pascal)

육체의 욕망

어떤 분이 이렇게 말했습니다.

"목사님, 저는 혈압 약을 먹으면서부터 니코틴도, 알코올도, 카페인도, 코카인도, 글루탐산도 다 끊었습니다. 인생의 즐거움이 다 사라지고 말았습니다. 그런데 건강을 회복하게 되었습니다."

좋아하던 술과 담배를 끊은 것은 단순한 물질적 욕구의 포기가 아니었습니다. 병 때문에 어쩔 수 없는 몸의 절대적 요구였습니다. 성경은 우리에게 육체의 욕망에 굴복하지 말라고 분명히 요구합니다. 우리가 육체의 욕망을 따르면 죄의 지배를 받게 되고 악의 도구가 된다는 것입니다. 우리는 육적인 욕망과 결별해야 합니다. 뿐만 아니라 사회 구조악의 도구가 되지 않기 위해 양심의 눈을 밝게 떠야 하며 이 사회의 죄악을 저지하고 격감하는 일에 나서야 합니다. 그것은 사회적 요구입니다.

"감옥은 노예의 나라에서 자유인이 명예롭게 기거할 수 있는 유일한 집이다."
– 헨리 데이비드 소로(Henry David Thoreau)

소금 이야기

동서양을 막론하고 소금은 참 친숙합니다. 우리 옛이야기에도 가장 자주 등장하는 인물이 도깨비와 함께 소금장수였습니다.

소금은 부패를 방지하는 특징이 있습니다. 서양 격언에 "소금이 쉴까?"라는 말도 있다고 합니다. 또 소금언약이란 말이 있습니다. 성경에서 이 표현은 영원히 변치 않는 하나님의 약속을 의미합니다.

어느 민족이든 소금에는 종교적인 차원이 있습니다. 소금이 가진 불멸의 생명력은 영원성을 느끼게 하고 신성의 경계에 이르도록 하였습니다. 기독교 전통에서는 세례용 물에 소금을 타기도 했습니다. 중세 시대에는 악령, 악마, 마녀를 쫓는 데도 이용되었습니다.

영화로 제작되어 화제가 된 레오나르도 다빈치(Leonardo da Vinci)의 〈최후의 만찬〉을 보면, 가룟 유다 옆에 있는 소금 그릇이 뒤집어져 있습니다. 그의 배신을 암시한 것입니다.

소금으로 산다는 것, 결코 단순하지 않습니다.

"너희는 세상의 소금이다. 소금이 짠맛을 잃으면 무엇으로 짠맛을 내겠느냐? 그러면 아무 데도 쓸 데가 없으므로 바깥에 내버리니 사람들이 짓밟을 뿐이다."
– 《성경》 마태복음 5:13

감사하는 마음

신앙의 기본은 감사하는 마음입니다. 이것은 삶과 역사 가운데 나를 구원하신 하나님께 대한 가난한 마음입니다. 미래를 모르고 사는 것도 불안하지만 과거를 잊고 사는 것이야말로 가장 위험한 일입니다. 그래서 이스라엘 백성은 추수감사를 드리며 약속의 하나님께서 가나안으로 이끌어주셨다는 사실을 고백합니다.

아무런 꾸밈 없이, 계산도 없이 감사하는 마음을 갖기는 얼마나 어렵습니까? 사람에게 인사치레로 하는 대접은 얼마든지 할 수 있습니다. 그러나 자기만족에 그칠 뿐입니다.

결국 감사는 내 삶에 그리스도를 초청하는 일입니다. 겸손하게 머리 숙여 그분을 내 식탁에 초대하고 기꺼이 공대하는 일입니다.

"하나님은 네 어제를 아시고, 네게 오늘을 주시며, 너의 내일을 염려하신다."
– 에른스트 모데르손(Ernst Modersohn)

있는 그대로

성형수술은 더 이상 특별한 일이 아닙니다. 얼마 전에는 눈 수술을 해야 취직이 된다는 이야기도 있었습니다. 미국 동포 사회에서 들은 이야기입니다. 한국을 다녀왔더니 교포 이웃이 인사하길 "한국에 간 김에 눈이나 하고 오지 그랬어" 하더랍니다. 웃는 낯빛에 너무나 예사스럽게 말했지만 다시 생각하니 몹시 화가 났다고 합니다.

물론 고국을 방문하면서 덤으로 딸아이의 눈 수술을 하는 경우도 종종 있는 것이 사실이니 그리 성낼 일은 아닐지도 모릅니다. 정작 화가 나는 것은 우리나라 사람들의 미적 기준입니다. 우리 문화에는 온통 백인 우월주의가 만연해 있습니다. 연예인들은 대부분 서구 사람들처럼 보입니다. 심지어 가수들 이름도 영어를 사용해야 더 이상 촌스럽지 않은 모양입니다.

얼마 전까지만 해도 이런 현상에 대해 언론에서 비판하더니 이제는 당연시 여깁니다. 왜 '나'됨을 버리고 '남'이 되려고 하는지 안쓰럽습니다. 당신은 있는 그대로 사랑받기 위해 태어난 존재입니다.

"나에게는 나만의 길이 있다. 나에게는 내가 살아야 할 빛깔이 있다.
나에게는 나만의 고유한 생이 있다."
– 《바가바드기타》

내 안에 등불 켜기

　흔히 2000년대는 심리학의 시대라고 말합니다. 얼마나 많은 사람들이 심리적인 질병을 앓고 있는지 모릅니다. 그것은 자신을 잃어버리는 질병입니다. 무서운 우울증이 마치 감기에 걸리듯 가볍게 사람의 마음속을 들락거리고 있습니다.

　사람들은 점점 내면세계, '나 중심의 관계'에 관심을 기울이지만 오히려 자기 안에서 더 큰 환란을 겪으며 살아가고 있습니다. 지금 우리가 사는 세상이야말로 상처가 많은 사회, 불안한 사회라는 반증입니다. 가시나무와 같은 삶은 점점 나를 잃어가게 만들고 주위로부터 외면당하기 쉽습니다.

　누구나 육적인 삶과 마찬가지로 영적인 삶이 있습니다. 겉모습을 가꾸고 육체 건강을 위해 단련하듯이 내면의 자신을 찾아 점점 어두워가는 영혼에 등불을 밝혀야 합니다. 자신을 돌아보십시오. 지금 내 영혼의 등불이 가물거리고 있지는 않습니까?

　내 안에 등불을 켜는 것은 자신뿐만 아니라 남들이 나를 통해 빛을 느끼고 따뜻함을 경험하도록 하는 아름다운 일입니다.

"주님은 사람의 영혼을 환히 비추시고, 사람의 마음속 깊은 곳까지 살펴보신다."
- 《성경》 잠언 20:27

성 제롬

성지를 순례하는 사람들이 어김없이 찾아가는 곳이 베들레헴입니다. 그리고 아기 예수님이 태어나셨다는 예수탄생교회를 방문하는 사람들이 그냥 지나칠 수 없는 곳이 바로 성 제롬(St Jerome)의 성서 번역 현장입니다.

초대교회 교부 제롬은 라틴어로 성경을 번역한 분으로, 중세의 문을 연 사람이라고 볼 수 있습니다. 제롬은 엄격한 금욕주의자였는데 성품이 친절한 사람은 아니었답니다. 늘 사람들에게 까다롭게 대하고 훈계하기 일쑤였습니다. 그런데도 지금까지 '성 제롬'이라 불리며 존경을 받습니다. 그는 남보다 자신에게 훨씬 엄격한 사람이었습니다. 그는 쉴 틈 없이 기도와 금식을 행했고 실수에 대해 철저하게 자신을 나무랐습니다.

하늘에서 우리에게 주어질 상금은 우리의 성공 때문이 아닙니다. 우리가 허물을 부끄러워하고 그것을 위해 부단히 싸우며 바로잡으려고 애쓰기 때문입니다. 그리하여 천국은 완벽한 사람들이 아닌, 자신의 약점에도 불구하고 하나님을 사랑하는 보통 사람들로 가득 차 있을 것입니다.

"나를 겸허하게 만드는 내 장애는 무엇인가?
그것을 거부할 때는 콤플렉스이고 인정할 때는 똘레랑스이다."

양심전

교회마다 영적각성운동에 관심이 많습니다. 오늘날 우리 교회의 성장과 부흥은 한국 초기 교회의 영적 에너지를 밑천으로 하고 있습니다. 처음 그리스도 신앙을 받아들인 우리 선배들은 문자 그대로 신앙의 원리원칙을 받아들였습니다. 회개도 입에서부터 가슴에 이르기까지 철저하였습니다.

남감리회 선교사 밑에서 성경을 팔며 전도하는 매서인으로 일한 윤승근이라는 분은 조금씩 돈을 빼돌려 7달러를 모았습니다. 그러나 예수님을 받아들이면서 잘못을 회개하게 되었습니다. 회개의 증표로 7달러를 되돌려주었습니다. 더 나아가 예전 직장에 근무할 때 월급이 잘못 계산되어 더 지불받은 돈마저 갚고자 했습니다. 그런데 막상 찾아가 보니 회사는 폐쇄되어 돈을 갚을 길이 없어졌습니다. 결국 국가 재정을 관리하는 탁지부에 돈을 맡겼습니다. 그때 받은 영수증이 그 유명한 '양심전'입니다.

어쩌면 회개는 쉬운 일입니다. 어려운 게 있다면 회개하고 나서 변화해야 하는 것입니다.

"알기에 달라지는 것, 그것이 참으로 아는 것이다."
– 앤소니 드 멜로(Anthony de Mello)

노인이 되어도

젊었을 때는 장차 나이가 들면 인격이 원만해지고 웬만한 문제는 다 이해할 줄 알았습니다. 그런데 은퇴할 나이가 되면서 나이 든 사람의 입장에 서 보니 오히려 젊은 시절보다 더 옹졸하고 아량이 좁아진 자신을 발견합니다.

돌아보면 훌륭한 젊은이가 훌륭한 노인이 되겠구나 하는 마음이 듭니다. 노인이 되어서도 무슨 일을 하든지 내 생각, 내 판단, 내 자신감만으로는 부족하다는 생각을 합니다. 여전히 실수도 범합니다. 이는 연약하고 허물 많은 자기 자신이야말로 언제나 하나님 앞에 자비를 구해야만 하는 존재임을 일깨워줍니다.

남을 높이고 나를 낮추며, 남을 섬기고 나를 비우는 삶, 이것은 평생 배워야 할 사람의 도리입니다.

"젊을 때에 너는 너의 창조주를 기억하여라.
고생스러운 날들이 오고 사는 것이 즐겁지 않다고 할 나이가 되기 전에……."
– 《성경》 전도서 12:1

듣는 기도

어느 여학생이 기도를 했습니다.
"하나님 저를 날씬하게 해주세요."
그런데 아무리 생각해도 자신을 날씬하게 해주기는 하나님이라도 어렵겠다는 생각이 들어 여학생은 다시 기도를 드렸다고 합니다.
"하나님 저를 날씬하게 해주시기 어렵겠거든 제 친구를 뚱뚱하게 해주세요."
우리가 드리는 기도는 대개 하나님께 자신의 필요를 구하는 것입니다. 이른바 능력 있는 기도일수록 그 요구가 당당합니다. 하나님께 들이대는 기도의 목록을 보면 마치 채권자처럼 일방적입니다.
기도는 관계입니다. 처음부터 끝까지 내 주장만 하고 저편의 말에 귀 기울이지 않는 것은 상대방을 인정하지 않는 태도입니다. 사람끼리 이야기를 나누어도 말이 차지하는 비중은 30퍼센트에 불과하다는 통계가 있습니다. 나머지는 표정, 몸짓, 눈빛, 입장 등 온몸으로 전달된다고 합니다. 그 기준에 따르면 말로 하는 기도는 30퍼센트 분량이면 족할 것입니다.
내 목소리로 기도를 다 드렸거든 이제 귀 기울여 경청하십시오.

"만일 너희가 진리를 사랑한다면 침묵을 사랑하는 자 되어라."
- 장 라프랑스(Jean Lafrance)

제주도 돌담

처음 제주도에서 농사를 시작한 사람들은 화산석투성이 돌밭을 개간했습니다. 농사짓기에 알맞겠다 싶은 곳도 조금만 파 들어가면 어김없었습니다. 사람들은 그 돌로 밭둑을 쌓기 시작했습니다. 처음에는 바람 한 점 새지 않도록 돌을 다듬어서 견고하게 담을 쌓았답니다. 그러나 백 년을 장담했던 돌담은 그리 심하지 않은 바람에도 무너졌습니다. 야트막하게 다시 쌓아보았지만 마찬가지였습니다.

사람들은 실망하지 않고 다시 담을 만들었습니다. 이번에는 돌을 있는 그대로 구멍이 숭숭 나도록 쌓았습니다. 그러자 바람이 구멍 사이로 빠져나가면서 담이 무너지지 않았습니다. 돌담은 겉보기에 누가 재채기라도 하면 곧 무너져버릴 것같이 허술했지만 아무리 세찬 바람이 불어도 끄떡없었습니다. 먼바다에서 불어온 바람이 구멍 사이로 자유롭게 드나들 따름이었습니다. 마치 유채꽃이 제주도의 거센 바람에 온몸을 내맡겨야 꺾이지 않는 것처럼 말입니다.

아무리 인간적인 노력과 수고를 기울여도 교만한 채 하나님과 담을 쌓으면 스스로 무너질 수밖에 없습니다.

"곡식은 거름보다 호미에 큰다."
– 한국 속담

부끄러운 자랑

많은 목회자들이 눈앞에 보이는 성공을 자기 능력 덕분이라고 착각할 때가 있습니다. 우리는 세상의 칭찬이 나를 향한 것으로 잘못 오해합니다. 우리의 실수와 교만함은 입술로만 하나님께 영광을 돌릴 뿐 실제로는 자신의 영광으로, 자신의 자랑으로 삼고 있습니다. 많은 것을 이루었다고 생각하는 사람일수록 착각은 더욱 심각합니다.

성경을 보면 사도 바울은 자신의 성취보다 오히려 패배를 자랑합니다. 자신의 능력이 아닌 약점을 자랑하고 있습니다. 자기가 자랑할 만한 세상의 것들을 모두 배설물로 여겼으며, 오직 예수님과 십자가만을 자랑하였습니다. 한마디로 예수님을 본받아 자신의 고난과 약함을 자랑한 것입니다.

오늘날 사도 바울의 후계자들은 모든 것을 뒤바꾸어버렸습니다. 자랑이 미덕이요, 교만이 능력이 되었습니다. 겸손과 온유, 순종과 자기 부정, 가난과 희생 등 모든 기독교 성품들이 자취를 감춘 지금 결국, 남은 것은 추락한 위상이요, 외면당하는 현실입니다.

> "그러므로 여러분은 하나님의 능력의 손 아래에서 스스로 겸손하십시오.
> 때가 되면 그분께서 여러분을 높이실 것입니다."
> – 《성경》 베드로전서 5:6

왕과 종

마틴 루터는 종교개혁 3대 논문의 하나인 〈그리스도인의 자유〉에서 "기독교인의 두 가지 모습은 서로 모순되는 두 사람이 한 사람 안에 있는 것과 같다"고 하였습니다. 하나는 내적이고 영적인 사람이며, 하나는 외적이고 육적인 사람입니다.

그는 그리스도인을 가리켜 왕과 같은 존엄성을 지닌 존재요, 동시에 종과 같은 섬김의 삶을 살아야 할 존재라고 말했습니다. 그것은 둘이 아닌 하나의 세계입니다. 그 세계 안에 자유와 섬김이 공존하고, 그 사람 안에 왕과 종의 성품이 함께합니다.

그리스도인은 사랑으로 조화를 이루며, 사랑으로 역사를 이룹니다. 자유와 섬김, 서로 다른 두 가지가 만나 더 큰 시너지를 발휘하는 사람이 바로 그리스도인입니다.

"하나님께서는 여러분을 부르셔서 자유롭게 하셨습니다. 그러나 여러분은 그 자유를 육체의 욕망을 만족시키는 구실로 삼지 말고 사랑으로 서로 섬기십시오."
– 《성경》 갈라디아서 5:13

뒷모습이 아름다운 사람

지난 4년 동안 감독회장으로 지내면서 개체교회 목사와는 다른 숱한 행정적인 과제들과 씨름했습니다. 돌이켜보면 온갖 산전수전을 다 겪었다고 해도 과장이 아닐 것입니다. 참으로 많은 갈등과 불균형의 틈바구니에서 조정자, 중재자, 화해자의 역할을 해야 했습니다.

그러면서 스스로 지키려고 노력한 것이 하나 있습니다. '신경하, 그 사람은 잃지 말자'는 것이었습니다.

권위주의 풍토가 만연한 교계에서 온유한 리더십을 지켜내는 것은 '신경하, 그 사람을 지키는 일'이었습니다. 사랑과 양보를 말하면서도 다툼과 불화가 넘치는 현실 속에서, 평화의 원칙을 지키고 평화의 사람으로 살아가려고 몸부림치는 것은 바로 '신경하, 그 사람을 지키는 일'이었습니다. 종종 느끼는 물질적 유혹과 권력을 휘두르고픈 욕망, 명예를 독차지하고 싶은 욕심을 물리치고 '뒷모습이 아름다운 사람'으로 남는 것을 더욱 소중하게 생각했던 까닭은 바로 '신경하, 그 사람을 지키고' 싶었기 때문입니다.

"그대의 감방을 충실히 지켜라. 그러면 그 감방이 너를 지키리라."
— 토마스 아 켐피스(Thomas à Kempis)

등불을 준비하는 삶

도스토예프스키(Fyodor M. Dostoyevsky)는 《악령》을 통해 신이 숨어버린 시대의 삶에 대해 말하고 있습니다. 여기에서 악령이란 당시 무신론적 러시아인들, 즉 불신앙적 사고방식과 숨은 신에 대해 조롱하는 인간을 말합니다. 참하나님의 뜻이 가려진 삶 속에는 하나님을 받아들이지 못한 채 악령이 전전하고 있는 것입니다.

이는 꼭 무신론자들에게만 해당하는 이야기가 아닙니다. 때로는 그리스도인이라는 사람들의 삶에서 무신론자들보다 더 신앙적이지 않는 모습을 볼 때가 있습니다. 회개를 모를 만큼 교만하거나 어둠에 사로잡혀 죄의식 속에 살아가는 데 익숙합니다.

모름지기 그리스도인의 삶이란 빛에 속하기 위해 적극적이고 구체적인 등불을 준비하는 삶이어야 합니다. 하나님과 만나기 위해 자기중심적인 생각에서 벗어나야 합니다. 별을 보기 위해 등불을 꺼야 하는 이치와 같습니다.

하나님은 모든 사람을, 그리고 한 사람을 사랑하십니다.

"그리스도인이 명상을 할 때는 하나님께서 나의 존재 깊은 곳에 계시다는 확신을 가져야 한다."
– 윌리엄 존슨(William Johnson)

쓰고 버리는 시대

이 시대의 풍조를 한마디로 규정하라면 '쓰고 버리는' 시대라고 할 수 있습니다. 소비만이 아닙니다. 유행은 물론이고 예술사조와 경향까지도 참으로 빨리 바뀌고 있습니다.

미래학자 앨빈 토플러(Alvin Toffler)는 《미래의 충격》에서 낭비의 사회를 진단했습니다. 그는 영속성이라는 이상이 무너지고 일시성으로 이행이 일반화되었다고 말합니다.

예를 들어 유행어의 교체가 점점 빨라지고 인스턴트식 명성이 잠깐 사이에 오르내립니다. 지식과 정보의 가치 유효 기간이 아주 짧아졌습니다. 심지어 베스트셀러조차 한 달 이상 가는 것이 드물 정도입니다. 광고도 이미지와 상징 기법으로 메시지를 전합니다. 인터넷을 검색하면서도 사이버 공간 어느 한곳에 편안하게 머물지 못합니다.

그 결과 우리 내면을 향한 진지한 물음이 사라졌습니다. 물음이 없으니 진지한 대답도 듣기 힘듭니다. 현대인이 느끼는 고독의 원인이기도 합니다.

"당신이 버리는 것이 무엇인지 말해보세요.
그러면 나는 당신이 어떤 사람인지 말해주겠습니다."
- 장 보드리야르(Jean Baudrillard)

무한연대책임의 사랑

새들은 힘써 만든 둥지일지라도 1년 뒤에는 버립니다. 그러나 어머니의 사랑은 기한이 없습니다. 새들은 불구가 된 새끼를 둥지에서 떨어뜨립니다. 그러나 어머니는 부족한 아이일수록 더 사랑합니다. 어미 새가 하는 일은 먹이고 지키는 것이지만, 어머니는 간호사가 되고, 요리사가 되고, 상담자가 되고, 청소부가 됩니다. 어미 새는 시한부로 새끼들을 돌보고 그 후에는 책임을 벗습니다. 그러나 어머니의 사랑은 영원합니다.

부모에 대한 자식의 책임은 선택사항이지만, 자식에 대한 부모의 사랑은 '무한연대책임'이라고 합니다. 자식은 형편이 되는 한에서 부모를 돕습니다. 자신이 쓸 만큼은 되어야 부모에게 용돈도 드리고 공양을 합니다. 그러나 자식 문제에 관해서라면 부모는 거의 눈이 멀고 맙니다.

부모님께 사랑의 마음을 전하는 일을 내일로 미뤄서는 안 됩니다.

"하나님께서 보잘것없는 죄인을 사랑하시는 것도 놀라운 일이지만,
비뚤어진 자녀를 참으신다는 것은 더욱 불가사의한 일이다."
– 헨리 드러먼드(Henry Drummond)

인생 스피드

사람들은 무엇이든 빨리 도달하려는 욕망 때문에 스피드를 내게 됩니다. 교통사고는 대부분 과속에서 옵니다. 그러나 인생 경주에서 승자의 속도는 빠른 데 있지 않습니다. 자기 속도를 유지하는 데 있습니다. 남의 스피드가 어떻든 자기 페이스대로 달리고, 남의 장단이 어떻든 자기 장단에 맞추어 살아가는 사람들입니다.

문제는 속도가 아니라 방향입니다. 인생의 불행은 하나님과 보조를 맞추지 않는 데 있습니다. 하나님과 늘 동행하겠다고 하면서 우리는 하나님보다 더 앞서 달려갑니다. 성경은 희망의 푯대인 예수님께 방향을 맞추라고 권고합니다.

그리스도인은 예수님과 보조를 맞추고 예수님의 발자취를 따르는 사람입니다.

"온갖 좋은 것과 함께 있을 때 지옥을 경험한다.
다 버리고 홀로 있을 때 하나님과 동행한다."
— 파스칼

효의 종교

유교 경전인 《효경》에 따르면 효는 덕의 근본이며 모든 가르침이 여기에서 시작된다고 하였습니다. 또한 인간의 죄는 3천 가지로 분류되는데 그중에서도 불효가 가장 큰 죄라고 하였습니다.

이렇듯 완고한 유교 전통을 간직한 우리 사회에 처음으로 기독교 복음이 들어왔을 때 많은 반대에 부딪혔습니다. 가장 큰 이유는 조상에 대해 제사를 지내지 않기 때문이었습니다. 그래서 제사상도 안 올리는 불효한 종교로 취급받았습니다.

그러나 그것은 하나만 알고 둘은 모르는 말입니다. 십계명의 제5계명이 "네 부모를 공경하라"입니다. 이것은 약속이 있는 첫 계명입니다. 잠언 역시 "내 아들아 네 아비의 훈계를 들으며 네 어미의 법을 떠나지 말라. 이는 네 머리의 아름다운 관이요 네 목의 금사슬이니라"라고 권면합니다.

본질적으로 기독교는 '효의 종교'입니다. 그렇기에 초대 그리스도인들은 예수님을 가리켜 아버지의 뜻에 따라 죽기까지 순종한 효자라고 불렀습니다. 살아계신 부모님께 효도하지 않으면서 보이지 않는 하나님께 충성한다는 것은 거짓입니다.

"한국에서 장차 인류 문명에 가장 크게 기여할 것이 있다면 부모를 공경하는 효(孝) 사상일 것이다."
– 아놀드 토인비(Arnold J. Toynbee)

구도자

구도자는 물음을 지닌 사람입니다. 그 물음은 편견도, 체면도, 입장도 다 벗어버렸기에 가능합니다. 구도적 삶은 당연히 그를 겸손하게 만듭니다. 내가 얼마나 많은 것을 알고 있는지 그 지식의 양은 별로 중요하지 않습니다. 나이도 능력도 상관할 바 못됩니다. 종교인들 중에도 편 가르기를 하는 사람들이 많습니다. 진보적이냐 보수적이냐 하는 입장을 비교하면서 다투고 갈등하는 일들이 구도자에게 얼마나 우스운 것입니까?

문제는 입장 차이가 아니라 진리를 향한 목마름이 부족하다는 데 있습니다. 예를 들어 그리스도인이라면 예수님을 얼마나 사랑하는지 혹은 사랑하지 않는지의 문제입니다.

자기 경험의 우상과 기존 관념이라는 옷에 꽁꽁 싸인 채 변화의 흐름도, 거듭남의 비밀도 모두 잊고 화석화된 진리를 자랑하는 사람은 더 이상 구도자가 아닙니다.

"신이 우리를 보시는 눈과, 우리가 신을 보는 눈은 동일하다."
— 마이스터 에크하르트(Meister Eckehart)

장님의식

오래전 신문에 소개되길, 태국에 눈이 없는 아이가 태어났다고 합니다. 단순히 눈이 먼 것이 아니라 흔적조차 없었습니다. 방사능에 오염됐기 때문이라고 합니다.

그 아이는 빛을 보지 못하니 사물을 구별하지 못합니다. 아예 본다는 개념조차 없습니다. 누가 가르쳐주기 전에는 남들도 자신과 같다고 생각할 것입니다. 아니, 가르쳐주기조차 매우 어렵습니다. 그의 세상은 장님의식으로 가득할 것이기 때문입니다.

비록 눈은 떴으나 하나님을 알지 못한다면 어둠에 속한 사람입니다. 그래서 영적으로 눈이 멀었다고 표현합니다. 그런 사람은 눈 뜬 장님 노릇을 할 수밖에 없습니다. 하나님은 우리에게 구체적인 빛으로 오십니다. 신앙을 갖는다는 것은 우리 안의 장님의식을 벗고 하나님과 친교를 이루는 일입니다.

이는 매우 구체적으로 체험하게 되는 변화입니다.

"사람은 눈물로 씻은 눈으로만 천국을 볼 수 있다."
– 무디(Dwight Lyman Moody)

영적인 갈증

요즘 물병을 들고 다니는 사람들이 많습니다. 우리나라만큼 물인심이 좋은 곳도 없는데 아마 물에 대한 신뢰가 떨어진 까닭인가 봅니다. 몇 년 사이에 쏟아져 나온 물 상품들을 보면 단지 인간의 생리적인 목마름을 넘어 우리 사회의 갈증처럼 느껴집니다. "홍수에 마실 물 없다"는 속담을 떠올리게 합니다.

다양한 청량음료와 미네랄 제품을 향유하는 현대인 역시 진정한 목마름을 해갈하기는 쉽지 않습니다. 목마름이 순간의 기갈과 갈증만을 의미하는 것은 아닙니다. 물질의 넉넉함이 영적 빈곤까지 채울 수는 없는 노릇입니다.

그것은 인간 삶의 심연에 자리 잡은 영적인 목마름이고, 날마다 부딪치는 일상에서 경험하는 불안과 고독, 좌절과 낙심 등 모든 심리적인 갈증을 포함하고 있습니다. 인생의 궁극적인 목마름은 무엇으로도 해갈할 수 없습니다.

이 같은 목마름을 느낄 때, 바로 하나님을 만날 시간입니다.

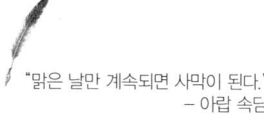
"맑은 날만 계속되면 사막이 된다."
– 아랍 속담

성장통

봄에 나무를 옮겨 심으면 처음 얼마간은 곧 말라버릴 듯 나뭇잎이 떨어지고 병들어 보입니다. 옮겨 심은 나무는 뿌리를 내리기까지 각별한 관심을 기울이며 물을 넉넉히 주고 자주 돌아보아야 합니다.

아직 뿌리를 내리지 못해 불안정한 나무의 상태를 우리말로 "주접을 떤다"고 합니다. 좀 상스럽게 들리지만 생물체가 쇠하는 현상이고 새로운 환경에 적응하는 과정을 가리킵니다.

나무뿐만이 아닙니다. 자라나는 아이들도 자주 주접을 떱니다. 새봄과 같은 청소년기는 제법 성장한 나무의 이식 과정과 매우 닮았습니다. 이를 '사춘기' 또는 '영혼의 수두앓이'라고 부릅니다. 어린이도, 성인도 아닌 까닭에 과도기의 '주변 인간'이라고 표현하기도 합니다. 누구나 다 겪는 성장 터널이지만 사춘기 자녀를 둔 부모는 과민 반응을 보이기 일쑤입니다.

주접을 떠는 것은 아이들만이 아닙니다. 여전히 성장통을 앓는 어른도 참 많습니다.

"기다림은 더 많은 것을 견디게 하고, 더 먼 곳을 보게 하고, 캄캄한 어둠 속에서도 빛나는 눈을 갖게 한다."

중년의 위기

독일 사람들은 세 가지를 위해서 산다고 합니다. 집과 자동차, 그리고 휴가입니다.

휴식과 휴가는 현대인에게 필수입니다. 휴식 없이 일만 하면 몸에 이상이 찾아옵니다. 생활에서 긴장이 해소되지 않으면 스트레스가 쌓입니다. 과로는 가장 미련한 병이라고 합니다. 현대인의 스트레스는 누구나 앓고 있는 잠재 질환이 되었습니다. 특히 중년이 되면서 건강에 대한 위기의식이 커집니다.

사람들은 오십대 위기론에서 사십대 위기론으로, 그리고 삼십대로 그 시기가 점점 앞당겨지고 있다면서 불안해합니다. 몸뿐만이 아닙니다. 중년의 위기는 정신에도 찾아옵니다.

그런 이들에게 종교생활은 보약입니다.

"중년기부터 노년기에 걸쳐 신앙생활은 고독, 보람, 여가, 희망 등의 문제에 활력을 제공한다."
– 안톤 보이슨(Anton Boisen)

하나님 나라의 질서

처음 목회를 시작하던 이십대 중반부터 40년을 훌쩍 넘긴 지금까지 목사의 마음으로 목사의 일을 하며 목사의 집에서 살았습니다. 비록 가족을 꾸리지 않는 신부님이나 스님하고는 삶의 방식이 다르지만 일반 사람들에게는 역시 별스러운 삶의 방식일 것입니다.

목회자의 삶을 살면서 몇 가지 원칙을 정했습니다. 특히 "너희는 그래서는 안 된다"는 예수님의 말씀을 늘 금과옥조로 삼았습니다. 이 말씀을 "네가 목사라면 남들과 분명히 달라야 한다"는 뜻으로 받아들였습니다.

배운 사람들이 최소한의 배운 사람 노릇을 못한다면 그 사회는 위기입니다. 그리스도인이 신앙인으로서 최소한의 모범이 되지 못하다면 그 역시 위기입니다. 성직자들이 성직자답지 못하다면 그 사회는 영적 위기를 넘어 망할 징조입니다. 성직자는 풍요로운 물질이나 삶의 규모, 튼튼한 관계를 자랑해서는 안 됩니다.

목회자가 되면서 겸손하고 온유한 성품으로 순종과 화목의 삶을 살아야 함을 배웠습니다. 적어도 우리는 세상의 질서와 다른 하나님 나라의 질서를 위해 살아가는 사람들이기 때문입니다.

"지상에서 최대의 사업은 나 자신의 영혼을
정화하는 일임을 내게 가르치소서."
− 헨리 마틴(Henry Martyn)

꿈을 이룬 나귀

아동극 〈꿈을 이룬 어린 나귀〉에서 망아지는 나귀를 놀려대며 말하길, 창조 때에 하나님이 말을 먼저 만들고 남은 재료가 아까워 나귀를 만들었다고 했습니다. 주인도 늘 망아지만 편애하였습니다. 망아지의 꿈은 헤롯 대왕을 등에 태우는 것이었습니다. 나귀 역시 왕이 타는 나귀가 되기를 꿈꿨습니다.

어느날 예수님의 제자 둘이 찾아왔습니다. 그들은 나귀의 주인에게 이렇게 말했습니다.

"예수님께서 당신의 나귀를 쓰시고자 합니다."

주인의 명령에 따라 망아지는 짐을 부리러 마구간으로 가고 나귀는 평화의 왕을 태우러 나섰습니다.

유명한 신학자 칼 바르트(Karl Barth)는 여든 번째 생일 때 이렇게 간증하였습니다.

"당나귀는 예수님을 예루살렘으로 싣고 가도록 허락받았습니다. 제가 이 세상에서 무언가를 이루었다면 그 당시 부름받은 당나귀와 같은 일을 한 것입니다."

이제는 당신이 응답할 때입니다.

"우리는 성공이 아니라 신실함을 위해 부름받았다."
– 마더 테레사

주기도문의 생활학

주기도문은 예수님께서 가르쳐주신 기도의 모범답안입니다. 예수님을 그리스도로 믿는 사람이라면 적어도 주기도문대로 살 각오를 해야 합니다. 이는 한마디로 '주기도문의 생활학'이라고 부를 수 있습니다.

그런데 현실은 그렇지 못합니다.

우루과이의 한 작은 교회 벽에 〈주님의 기도를 바칠 때〉라는 글이 적혀 있습니다. 구절구절마다 반성과 성찰을 덧붙여놓은 주기도문은 오늘 우리의 기도가 그 본래 뜻에서 얼마나 멀어졌는지 돌아보게 합니다.

"하늘에 계신"이라고 하지 마라. 세상일에만 빠져 있으면서…….

"우리"라고 하지 마라. 너 혼자만 생각하며 살아가면서…….

"아버지여"라고 하지 마라. 아들딸로서 살지 않으면서…….

"이름이 거룩히 여김을 받으시오며"라고 하지 마라. 자기 이름을 빛내기 위해 안간힘을 쓰면서…….

"나라가 임하시오며"라고 하지 마라. 물질 만능의 나라를 원하면서…….

"뜻이 하늘에서 이루어진 것같이 땅에서도 이루어지이다"라고 하지 마라. 내 뜻대로 되기를 기도하면서…….

"오늘 우리에게 일용할 양식을 주시옵고"라고 하지 마라. 가난한 이들을 본체만체하면서…….

"우리가 우리에게 죄 지은 자를 사하여준 것같이 우리 죄를 사하여주시옵고"라고 하지 마라. 누구에겐가 아직도 앙심을 품고 있으면서…….

"우리를 시험에 들게 하지 마시옵고"라고 하지 마라. 죄 지을 기회를 찾아다니면서…….

"다만 악에서 구하시옵소서"라고 하지 마라. 악을 보고도 아무런 양심의 소리를 듣지 않으면서…….

"오, 주님, 우리를 용납하옵소서. 우리가 기쁘고 담대하게 하늘에 계신 하나님을 아버지라 부르고 주기도를 암송하는 것을 받아주옵소서."
– 동방정교회

요술쟁이와 생쥐

쥐는 종종 약자의 대명사로 불립니다. 속담에 "독안에 든 쥐" 또는 "고양이 앞의 쥐" 같은 표현들은 쥐의 신세를 잘 보여줍니다.

이솝 우화에 '요술쟁이와 생쥐'라는 이야기가 있습니다.

생쥐 한 마리가 요술쟁이의 집에 살았습니다. 공교롭게도 그 집에 고양이도 있어서 생쥐는 공포에 질렸습니다. 요술쟁이는 불쌍하게 생각한 나머지 생쥐의 겉모습을 고양이로 만들어주었습니다. 그랬더니 이번에는 개를 무서워하는 것이었습니다. 그래서 요술쟁이는 고양이 모양의 생쥐를 다시 개로 만들어주었습니다. 헌데 이번에는 호랑이가 무섭다고 합니다. 실망한 요술쟁이는 이렇게 말했습니다.

"너는 겉모양만 바뀌었지 속은 언제나 생쥐의 마음이니 무엇으로 변해도 가망이 없다. 다시 생쥐가 되어라."

믿음은 단지 겉모습이 아니라 속마음의 변화를 뜻합니다. 겉모양이야 어떻게 보이든, 외형적인 조건이 어떻게 변화하든 그것은 문제의 해결점이 되지 못합니다. 해결점은 생쥐의 겉모습이 아니라 속마음이 거듭나는 데 있습니다.

> "신앙은 하나님의 용광로에 자신을 녹여 새로운 나로 다시 만들어지는 것이다."

2
남을 바꾸는 1분

탈레스의 교훈

헬라 철학의 대가 탈레스(Thales)에게 물었습니다.
"이 세상에서 가장 어려운 일이 무엇입니까?"
그는 "자신을 아는 일"이라고 답했습니다. 또 "가장 쉬운 일이 무엇입니까?" 하고 물었더니 "남 이야기를 하는 것"이라는 것입니다.

우리는 자신을 얼마나 알고 있습니까? 더 배웠다고, 더 많이 가졌다고 잘난 척하지 마십시오. 별것 아닙니다. 남을 두고 이러쿵저러쿵 이야기하는 것은 세상에서 가장 쉬운 일입니다. 무책임합니다. 알고 보면 아무것도 아닙니다. 인디언 슈익스라는 사람은 "남의 이야기를 하려면 그 사람의 신발을 신고 일주일은 걸어 다녀보아야 한다"고 했습니다.

좀더 진실하게 나를 드러낸다면 다 같이 보잘 것 없는 인간이요, 부족한 죄인임을 인정할 수밖에 없습니다. 다른 사람보다 나은 것이 별로 없습니다. 사람은 누구나 철학자가 될 수는 없으나 이런 깨달음이 너무 늦게야 찾아오는 것은 인생의 아쉬움입니다.

"나의 정체성이란 내가 나 이외의 어떤 사람하고도
같지 않다는 사실을 말해주는 것이다."
– 마흐무드 아흐마디네자드(Mahmoud Ahmadinejad)

비노바 바베

종종 혀를 깨물 때가 있습니다. 입속에 있는 혀도 내 맘대로 못 할 때가 있는데 더욱이 자식 문제는 내 뜻대로 하기가 어렵습니다. 특히 아이들 교육이 그렇습니다. 간디의 후계자 비노바 바베(Vinoba Bhave)가 쓴 자서전에 이런 이야기가 있습니다.

"우리 집 마당에 인도빵 나무가 있었다. 철모르는 어린아이였던 나는 언제 그것을 먹을 수 있느냐고 보채기 시작했다. 결국 때가 되어 열매가 익자 어머니는 나뭇잎들로 오목하게 접시를 만들어 열매를 담았다. 그러고는 나에게 그 접시들을 집집마다 선물로 돌리라고 하셨다. 접시들을 다 돌리고 나자 어머니는 그제야 달콤한 열매 몇 조각을 주셨다. 어머니는 '비냐, 먼저 베풀고 나중에 먹어야 하는 법이란다' 하고 말씀하셨다."

그는 어머니가 심오한 철학을 가르쳐주셨다고 회고했습니다. 교육은 공부만이 아닙니다. 아이들에게 철학을 가르칠 선생님 역시 어머니입니다.

> "창조자는 우리를 공중에 던진다. 그리고 결국에는 놀랍게도 우리를 다시 붙잡는다. 부모가 자녀들과 함께 하는 자유로운 놀이하고도 같다."
> – 하페 케르켈링

서번트 리더십

요즘 경영학에서 회자되는 대표적인 리더십이 바로 '서번트 리더십'입니다.

섬김의 지도자상은 로버트 그린리프(Robert Greenleaf)에게서 시작된 개념입니다. 그는 이 아이디어를 헤르만 헤세의 소설 《동방으로 가는 여행》에서 얻었다고 합니다.

레오는 여러 사람이 함께하는 여행에서 허드렛일을 도맡아 하는 심부름꾼이었습니다. 일행을 섬기던 레오가 사라지자 그 여행은 계속될 수가 없었습니다. 몇 년 후에 일행 중 한 명이 레오를 만나게 되었는데, 그는 사실 여행을 후원한 교단의 책임자였다고 합니다. 그린리프는 레오를 전형적인 '서번트 리더'라고 손꼽았습니다.

'서번트 리더십'의 원조는 예수님입니다. 그분은 눈높이만 낮춘 것이 아니라 허리와 무릎의 높이까지 낮추었습니다. 절대 겸손과 절대 순종을 통한 섬김은 말구유에서 십자가에 이르도록 지속된 한결같은 사랑을 보여줍니다. 결국 이러한 섬김을 통해 사람들의 황무지에 사랑을 싹틔우고 사람들의 광야에서 사랑의 숲을 이루셨습니다.

> "하나님을 사랑하는 일에 위대한 사람이 진정으로 위대한 사람입니다."
> – 토마스 아 켐피스

덕담 한마디

목사가 설교를 하고 나면 신자들이 "은혜 많이 받았습니다" 하고 덕담을 합니다. 이런 격려 덕분에 더 힘을 내게 마련입니다. 궂은일에는 "저도 위해서 기도하겠습니다", 또 의외의 일에는 "다 하나님의 뜻이지요"라고 말하는 것도 보기 좋습니다. 내 공로 대신에 은혜를, 내 의지보다 기도를, 그리고 내 생각에 앞서 뜻을 묻는 것은 올바른 신앙의 태도입니다.

남보다 말을 많이 할 수밖에 없는 입장에서 말의 책임과 실수에 관계된 뼈저린 기억들이 많습니다. 때로는 마음에도 없는 말을 의무적으로 해야 하고, 실천도 못할 말을 늘어놓기도 하였습니다. 그렇다고 말을 아낄 수는 없습니다. 따뜻한 위로의 말, 흐뭇한 격려의 말, 과장된 칭찬의 말이 행여 말만의 생색에 그칠지언정 듣는 이들에게 얼마나 큰 힘이 되는지를 스스로 경험하기 때문입니다.

남을 변화시키는 한마디 말은 깊은 침묵 속에서 다듬어집니다. 정직한 말 한마디는 자성의 진통 속에서 제련됩니다. 헤프지 않은 절제된 말과 절절이 담아낸 애정 어린 표현들은 자신을 미덥게 합니다. 성숙한 언어생활로 우리는 신실한 사람이 되는 것입니다.

"친절은 이 세상을 아름답게 한다. 모든 비난을 해결한다.
얽힌 것을 풀어헤치고 곤란한 일을 수월하게 하고 암담한 것을 즐거움으로 바꾼다."
− 톨스토이(Aleksei Nikolaevich Tolstoi)

먼저 행하라

유대교 랍비인 힐렐(Hillel)에게 한 개종자가 찾아왔습니다. 그는 자신이 한쪽 다리로 서 있는 동안에 율법 전체를 가르쳐달라고 부탁했습니다. 힐렐은 대답했습니다.

"당신이 자기 자신에게 하기 싫어하는 일을 이웃에게 하지 마십시오. 이것이 율법 전체입니다. 나머지는 모두 그 주해에 불과합니다. 가서 배우십시오."

우리 사회에는 먼저와 나중의 논리가 팽팽합니다. 한쪽은 이해해주면 존경하겠노라 하고, 다른 한쪽은 존경하면 이해하겠다고 합니다. 여기에는 문제 해결보다, 대립이라는 영원한 평행선이 있을 뿐입니다. 평행선의 분리와 충돌은 그 어느 쪽도 비극입니다. 이 같은 순환 논리에 빠지면 문제 해결이 불가능해집니다.

아름다운 관계를 맺기 위해서는 먼저 주는 자가 되어야 합니다. 존경받고 싶으면 먼저 존경하십시오. 이해받고 싶으면 먼저 이해하십시오. 용서받고 싶으면 먼저 용서하십시오. 섬김을 받고 싶으면 먼저 섬기십시오. 방법은 내가 먼저 하는 것입니다.

"신앙은 행동하는 것이다. 신앙의 행위를 사랑하라."
– 마틴 루터

선과 악이 공존하는 이유

《탈무드》가 전하는 이야기입니다.

노아가 방주를 짓고 모든 짐승을 암수 한 쌍씩 받아들였습니다. 그런데 선(善)이 혼자 들어오는 것이었습니다. 노아가 선을 향해 말했습니다.

"너는 왜 혼자 들어오느냐?"

승선을 거부당한 선은 자신과 짝이 될 만한 것을 찾아 돌아다니다가 악(惡)을 데려왔습니다. 그제야 노아는 그들을 받아들였습니다. 세상에 선과 악이 공존하게 된 이유입니다. 세상에 존재하는 악에 대한 유대인다운 해명처럼 보입니다.

세상에는 분명히 선과 악이 공존합니다. 세상을 살아가는 동안에 필연적으로 부딪히게 될 악의 문제에서는 누구도 예외가 없습니다. 우리 내면에 짐승 같은 본능이 있음을 인정해야 합니다. 그리고 악을 선으로 갚음으로써 짐승의 본능을 없애야 합니다.

> " '네 원수가 주리거든 먹을 것을 주고, 그가 목말라하거든 마실 것을 주어라. 그렇게 하는 것은 네가 그의 머리 위에다가 숯불을 쌓는 것이 될 것이다' 하였습니다. 악에게 지지 말고 선으로 악을 이기십시오."
> – 《성경》 로마서 12:20~21

관계와 체온

큰며느리가 첫 손주를 안겨주던 때의 기쁨은 이루 말할 수 없습니다. 갓 돌배기 손자와 지내면서 '사는 맛'을 즐겼습니다. 퇴근하면 제일 먼저 소리 지르며 뛰어나오는 식구가 손자였습니다. "뽀뽀"하고 얼굴을 대면 신나게 애정 표현을 하였습니다.

그런데 어느 날 아들 가족이 미국으로 유학을 떠났습니다. 손자가 너무너무 보고 싶었습니다. 그러다가 미국으로 출장을 가게 되어 상봉할 기회가 왔습니다.

호텔로 큰며느리가 손주를 안고 찾아왔습니다. 그런데 막상 엄마가 아이에게 "어진아, 할아버지야" 하자 아이가 고개를 휙 돌리는 것입니다. 내가 받아 안으려고 하니까 앙 울어버렸습니다. 그때 실망이 어찌나 컸던지 모든 기대가 와르르 무너졌습니다. 겨우 두 달 만의 일입니다.

순간 섭섭하였지만 곧 깨달았습니다. 아기에게는 매일매일 만나고 피부와 피부를 부딪치는 그 자체가 사랑이었다는 사실 말입니다. 관계에는 체온이 필요했습니다.

"만약 당신의 사진에 문제가 생겼다면 너무 멀리서 찍었기 때문이다."
— 로버트 카파(Robert Capa)

온유한 마음

　사람의 성공 요인에서 지능이나 기술 훈련보다는 대인관계가 절대적인 영향을 끼친다고 합니다. 사람들은 대개 직무수행의 실패보다는 대인관계의 실패로 어려움을 겪습니다. 그만큼 사람이 살아가는 데는 다른 사람과 어떤 관계를 맺느냐가 중요합니다.
　방법은 단순합니다. 좋은 인간관계를 꾸리려면 '온유한 마음'으로 다른 사람을 대하면 됩니다. 온유한 자는 말 그대로 부드러운 마음씨를 가진 사람입니다.
　인간은 사무적이고 기계적인 관계만으로는 살아갈 수 없습니다. 인간의 마음속에 뜨거운 피가 흐르고 있습니다. 그래서 쉽게 화를 내기도 하고 감동을 받기도 합니다. 온유한 마음은 황폐한 관계를 회복시켜주고 관계를 풍성하게 합니다.
　사람은 누구에게나 장단점이 있습니다. 아무리 훌륭한 사람이라도 단점이 있습니다. 일방적으로 누구를 탓할 수도 없는 일입니다. 조금만 서로 섬기는 마음으로 다가가면 잘될 것입니다.

"나는 재능을 달라고 부탁했다. 그래서 사람들의 찬사를 받을 수 있도록.
하지만 난 연약함을 선물 받았다. 하나님의 필요성을 느끼도록."

비움과 평안

세상에서 가장 사랑하는 낱말을 꼽으라면 평화입니다. '샬롬(Shalom)'을 번역한 이 말은 의미가 대단히 포괄적입니다. 개인의 심리적 안녕부터 세상에 전쟁이 없는 상태까지, 모든 사람의 소망입니다.

얼마 전에 사무실을 방문한 주한 이스라엘 대사에게 첫인사로 "샬롬!" 했더니 서로 진심이 전해지는 느낌이 들었습니다. 나중에 모슬렘을 만나면 역시 "앗살람 알레이쿰!"이라고 인사할 것입니다. 평화는 성령의 열매입니다. 그래서 가장 본질적인 축복입니다. 특히 평안은 착한 마음의 선물입니다. 악한 생각과 거짓은 마음의 평안을 교란합니다. 마음을 비우지 않고 평안을 바라는 것은 망상입니다. 비움과 평안은 언제나 연결되어 있습니다. 속이 불편한 사람에게는 모든 결과가 쓴 열매일 수밖에 없습니다. 선물은 소유하는 것이 아닙니다. 다만 누릴 뿐입니다.

"행복이 그렇듯이 평화 또한 부메랑이다."

흑백논리

 쉽게 흑백논리를 말합니다만 세상은 그렇게 단순하지 않습니다. 기독교의 논리 역시 선과 악으로 양분되는 이원론이 아닙니다. 흑백처럼 단순하지도, 선악처럼 극단적이지도 않습니다. 흑백과 선악에 대한 판단은 정죄를 위한 것입니다. 내 편과 네 편을 가르는 데 목적이 있습니다. 당연히 보복과 복수가 뒤따르게 됩니다.
 흑과 백 사이, 선과 악 사이에는 무수히 많은 촘촘한 차이가 존재합니다. 기독교 정신은 무지개처럼 다양하고 다이내믹한 포용성을 지닙니다. 하나님 앞에서는 죄인과 의인 사이에 커다란 간격이 없습니다. 다만 용서받은 죄인이 있을 뿐입니다.
 더군다나 "눈에는 눈으로, 이에는 이로" 갚으라는 동일보복률은 "오른편 뺨을 치거든 왼편도 돌려 대며"라는 예수님의 계명 앞에 무장해제당할 수밖에 없습니다.

"남을 위해 기도한다는 것은 이미 그와 화해했다는 증거다."

양심이란 눈

피타고라스(Pythagoras)의 제자 하나가 헌 신을 깁는 일을 직업으로 하는 신기료장수를 찾아갔습니다. 그는 신기료장수에게서 신발 한 켤레를 외상으로 사며 며칠 후에 돈을 주겠다고 약속했습니다. 약속한 날이 되어 신기료장수를 찾아갔습니다. 하지만 장사꾼은 이미 죽은 뒤였습니다. 피타고라스의 제자는 신발값을 도로 주머니에 넣었습니다. 공짜로 신발 한 켤레를 얻은 데 대한 은밀한 기쁨이 컸습니다.

하지만 시간이 지나면서 마음이 편치 않았습니다. 날이 갈수록 얼굴은 양심의 가책 때문에 핼쑥하게 야위어갔습니다. 그는 마침내 신기료장수의 가게로 찾아가 신발값을 던지며 말했습니다.

"자, 받아요. 세상 모든 사람들에게 당신은 죽은 사람이지만 내게는 살아 있어요."

양심이란 살아계신 하나님의 존재를 깨닫게 하는 눈입니다.

"죄를 짓는 것은 인간적이다. 그러나 죄에 머무는 것은 악마적이다."
– 쇠렌 키르케고르(Søren Aabye Kierkegaard)

삼세번의 미덕

한국인들은 수많은 숫자 가운데 특히 '3'을 좋아합니다. 작심삼일, 삼천리, 삼척동자, 3부작, 삼총사, 삼종지도, 삼등칸, 일일이여 삼추 따위의 말들은 누구나 쉽게 쓰는 표현들입니다. '3'이 두 번 겹친 '삼세번'이란 말도 내기에서 자주 사용합니다.

형제가 잘못했을 경우에 일곱 번을 용서하면 되겠느냐고 제자 베드로가 예수님께 물었습니다. 당시 랍비들은 세 번까지 용서하라고 했고, 외경 집회서에도 두 번까지 관용을 베풀도록 한 점으로 미루어 베드로의 물음은 파격입니다. 그런데 언감생심, 예수님은 "일곱 번뿐 아니라 일곱 번씩 일흔 번이라도 용서하여라"라고 하셨습니다.

우리 속담에 "참을 인(忍) 자 셋이면 살인도 면한다"는 말이 있습니다. 경쟁이 치열하니 재수는 필수요, 삼수는 선택이란 말도 생겨났습니다. 우리 사회에도 세 번쯤 참아주는 '삼세번의 미덕'이 필요한 시기입니다.

"수치에는 이야기가 있어야 한다."
– 마거릿 대처(Margaret Thatcher)

손가락, 눈, 가슴

사람을 선택하고 판단하는 세 가지 도구가 있습니다. 바로 손가락과 눈, 가슴입니다. 대부분 사람들은 손가락 끝으로 판단합니다. 그들의 잣대는 명쾌하고 날카롭습니다.

"이 사람은 보수적이고, 저 사람은 진보적이다."

"이 사람은 경상도 출신이고, 저 사람은 전라도 출신이다."

눈으로 판단할 때는 있는 그대로 보니 차라리 다행입니다. 다만 보는 눈에 따라 선입견이 끼어들지 않을 리 없습니다. 있는 그대로라도 평가하면 고맙기까지 합니다.

가슴으로 이해해주는 사람은 얼마나 귀한지 모릅니다. 한 수 접어주고 넘어가기 때문입니다.

성경은 인간의 상식과 고정관념, 허위의식의 토대를 허물어뜨리고 있습니다. 하나님의 마음이 그렇습니다. 하나님은 사람을 늘 가슴으로 바라보십니다. 그 중심을 보고 판단하시는 분입니다.

"조화로운 삶은 퍼즐 한 조각을 맞추는 심정에서 출발한다. 나는 전체 가운데 겨우 한 조각일 뿐이라는 겸손함과 나 하나가 없으면 결코 완전해지지 못한다는 고유함이 나와 남의 관계를 소중하게 가꾼다."

편지

세월이 흐를수록 따뜻한 편지를 받아보기 어렵습니다. 메일과 문자 등 각종 메시지가 넘쳐나지만 감동은 없습니다. 1950년대와 1960년대만 해도 우리나라에 문맹자가 많아서 군대에 공민교육대를 두어 한글을 가르쳤습니다.

어느 나이 든 사병이 선임병에게 아내가 보낸 편지를 읽어달라는 부탁을 했다고 합니다. 봉투를 뜯어보니 백지 위에 커다란 손 그림이 있었습니다. 종이에 손바닥을 펴고 그 윤곽을 따라 연필로 줄을 그은 것이었습니다. 그 밑에는 서툴게 쓴 문장이 딱 한 줄 있었습니다. 선임병은 사병에게 자극을 주려고, 한글을 익혀서 스스로 읽어보라고 권했습니다. 드디어 한글을 깨친 사병이 아내의 편지를 읽게 되었습니다. 편지에는 "저의 손이어요. 만져주세요"라고 쓰여 있었습니다. 심금을 울리는 사랑의 편지였습니다.

하나님께서는 날마다 우리에게 연애편지를 보내십니다. 이를 받아본 사람들은 그 사랑에 전염될 것입니다. 바로 여러분이 사랑의 편지입니다.

"사랑의 시작은 '느낌'이다. 그러나 사랑하는 힘은 '의지'다."

서로 복음

가정의 행복을 위한 처방이 많습니다. 사실 부부관계는 일방적일 수 없습니다. 늘 쌍방의 문제요, 소통의 문제이기 때문에 '서로' 노력이 절실합니다. 저는 이것을 '서로 복음'이라고 부릅니다.

서로 사랑하고, 서로 아끼고, 서로 순종하고, 서로 섬기고, 서로 인내하고, 서로 친절하고, 서로 용서하고, 서로 공손하고, 서로 존경하고, 서로 가르치고, 서로 격려하고, 무엇보다 서로 기도해야 합니다.

흔히 그리스도인들은 잔재미가 없고 오락이 없는 사람들이라고 말합니다. 그래서 기도하면서 불평하고, 기도하면서 원망하는 경우도 있습니다. 하나님께서도 심술 많고 무뚝뚝한 남편, 쉽게 토라지고 말 안 하는 아내는 상대하기 어려워하십니다.

그렇기 때문에 우리는 서로서로 작은 행복을 만드는 일부터 시작해야 합니다. 행복을 계획하고, 행복에 대한 프로그램을 짜고, 내 손 가까이에 있는 것부터 거룩하게 여길 수 있어야 합니다. 가장 큰 비결은 '최대한'이 아니라 '최소한'에 감사하는 마음입니다.

"감사란 늘 내 삶에서 느끼는 '과분함'에서 비롯된다."

부목사와 운전수

함께 일하다가 다른 교회로 옮겨 간 후배 목회자가 찾아왔습니다. 우리는 반가운 마음에 이야기꽃을 피웠습니다. 그는 떠나고 나니 평소 내가 강조했던 온유한 마음에 대해 많은 생각을 한다고 했습니다.

"목사님이 부목사들을 온유한 마음으로 대해주신 것 같아 너무나 감사합니다."

나는 머쓱해졌습니다. 그는 지난날 이야기 한 토막을 들려주었습니다. 언젠가 내가 설교를 끝내고 교회 자가용에 타려고 할 때 마침 운전석에는 새로 온 부목사가 앉아 있었습니다. 나는 조수석 문을 열고 들어갔습니다. 그러자 부목사가 놀라는 눈치였습니다.

"뒷좌석에 앉으시죠? 여기는 불편하실 텐데요."

그때 내가 이런 말을 했다는 것입니다.

"여보게, 내가 뒷좌석에 앉는 순간 자네는 목사가 아니라 운전수가 된다네."

나도 선배들의 삶에서 배웠습니다. 모범교사든, 반면교사든 우리는 늘 남의 거울이 되고 있습니다.

"상대방을 바르게 이해하는 법은 바로 '네'속의 '나'를 발견하는 것이고, '내'속에 있는 '너'를 보여주는 것이다. 사람에게는 누구나 크든 작든 공감대가 있게 마련이다."

말의 힘

인디언들은 말 속에 생명이 담겨 있다고 믿습니다. 그래서 결코 부주의하게 말을 내뱉지 않습니다. 생명을 지닌 말이 그대로 타인에게 영향을 미친다고 보기 때문입니다. 우리가 듣는 인디언 말들이 언제나 아름답고 의미 있게 들리는 것은 그런 연유인가 봅니다. 멕시코의 톨텍(Toltec) 인디언들은 《오늘이 내 삶의 새로운 시작이다》에서 이렇게 말합니다.

"말은 단지 소리나 기호 체계만을 의미하지 않는다. 말은 힘이다. 말은 자신을 표현하고 의사를 전달하기 위해, 생각하기 위해, 인생의 여러 가지 일들을 이루기 위해 우리가 지니고 있는 힘이다. 인간은 말할 수 있는 능력을 가지고 있다. 지구상 다른 어떤 동물이 그런 능력을 지녔는가? 말은 우리가 인간으로서 가지는 가장 강력한 도구이자 마법의 도구다."

우리의 귀는 항상 열려 있습니다. 귀는 스스로 닫을 수 없기에 언제든 들을 수 있습니다. 그러나 말은 요술을 부릴 수 있는 까닭에 입은 언제든 다물 수 있도록 만들어졌습니다.

"삶의 가장 경이로운 부분은 말이 필요 없는 것에서 시작된다."
– 한스 크루파(Hans Kruppa)

길잡이별

로제(Roger Schutz) 수사는 평생 자신을 밝혀 뭇 젊은이들에게 길잡이별이 된 분입니다. 유럽 젊은이들에게 영성의 고향인 테제 동체(The Taize Community)는 애초부터 인류의 갈등을 극복하는 길을 모색하면서 출발했습니다.

1940년 8월, 스물다섯 살의 젊은 로제는 제2차 세계대전으로 폐허가 된 동부 프랑스의 작은 마을 테제에 홀로 정착했습니다.

그는 고난의 한복판에서 화해를 구체적으로 실천하고자 하였습니다. 처음에는 유대인을 숨겨주었고, 전쟁 후에는 독일군 포로를 돌봐주었습니다. 그들의 신앙공동체는 몸으로, 노래로, 평화로, 기도로 지금도 세워지고 있습니다.

평생에 걸친 순례에서 나는 누구의 길잡이별이 된 일이 있는지 곰곰이 돌아봅니다.

"기도하는 사람에게는 길잡이별이 있다.
그것은 눈에 보이지 않는 숨은 자력처럼 사람을 끌어준다."
— 로제 수사

농사꾼의 마음

어느덧 감독회장 퇴임과 43년간 수행한 목사의 사역을 놓을 때가 다가왔습니다. 스물여섯 젊은 시절부터 전 생애를 걸고 전념해 온 목사직이었습니다. 하지만 누구도 예외가 없다는 사실이 어떤 의무처럼 느껴집니다. 지나간 세월을 돌이켜보니 아쉬운 점도 없지 않지만 많은 분들의 도움으로 여기까지 오게 되었습니다. 감사할 분들이 너무나 많습니다.

나는 강화도에서 농부의 아들로 태어났습니다. 처음 전도사로 부임한 곳도 최전방에 위치한 연천군의 어느 농촌이었습니다. 그곳 마을 사람들에게 복음을 전하기 위해 농사꾼을 자처했습니다. 손을 걷어붙이고 농사 현장을 누비면서 배추며 무 등을 나르고 농사일을 거들었습니다. 어설픈 전도사의 농사꾼 흉내는 마을 사람들과 만날 수 있는 징검다리가 되었습니다.

그동안 참 많은 것이 달라졌습니다만 예나 지금이나 가장 좋은 노둣돌은 가슴입니다.

"사람은 먼저 사랑을 선택해야 하고 그다음에는 그 선택을 사랑해야 한다."
– 헨리 스미드(Henry Smith)

연탄 한 장

우리에게도 가난한 시절이 있었습니다. 그 시절을 겪은 사람들 중에 어느 누가 추운 겨울 연탄 한 장의 고마움을 잊겠습니까. 그런 마음으로 해마다 북한 지역 금강산 온정리로 연탄을 보냅니다. 연탄에는 우리 동포를 사랑하는 마음이 담겨 있습니다. 비록 지금은 윗목과 아랫목이 통하지 않아 남북관계에 냉기가 심하지만 머지않아 아랫목의 온기가 윗목까지 전달되기를 간절히 소망합니다.

남북 간 보일러사업을 하는 분에게 들은 이야기입니다. 지금 북한 청소년들이 발육이 부진하고 키가 작은 까닭은 식량난도 문제이지만 추위 역시 큰 원인이라고 합니다. 긴 겨울 엄동설한에 온기 없는 방에서 잠을 자고 몸을 자유롭게 놀리지 못하는 탓에 아이들이 움츠러든 결과라는 것입니다.

시인 안도현은 〈너에게 묻는다〉라는 시에서 이렇게 묻습니다.

"연탄재 함부로 발로 차지 마라. 너는 누구에게 한 번이라도 뜨거운 사람이었느냐."

통일은 온기를 전달하는 과정에서 찾아올 것입니다.

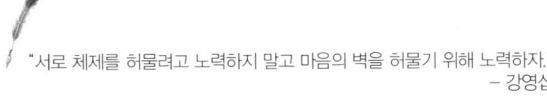
"서로 체제를 허물려고 노력하지 말고 마음의 벽을 허물기 위해 노력하자."
– 강영섭

베드로

예수님의 열두 제자 중 으뜸은 베드로입니다. 베드로는 남들이 보기에 흠이 많은 사람이었습니다. 베드로에 대해 이런 이야기가 전해집니다.

초대교회에서는 왜 예수님이 자신을 배신할 가롯 유다의 존재를 미리 일러주시지 않았을까 토론했다고 합니다. 성 어거스틴은 "베드로의 불같은 성격 때문"이라고 하였고, 성 크리소스톰(Johannes Chrisostomus)은 "아마 베드로의 성격대로 했다면 그 자리에서 당장 때려죽였을 것"이라고 결론을 내렸다고 합니다.

베드로는 성격이 불같은 사람으로 아마 감정의 기복도 심했나 봅니다. 그는 제자단의 맏형 노릇을 단단히 하였지만, 동시에 가장 많은 비난을 들었습니다. 이러한 흠과 약점에도 불구하고 마음속에 담긴 사랑은 그로 하여금 가장 위대한 사도의 반열에 서게 하였습니다.

예수님께서는 베드로의 약점을 있는 그대로, 베드로의 부끄러움을 있는 그대로 용납하셨습니다. 그분의 넓은 품을 닮고 싶습니다.

"신은 굽은 자로 직선을 그으신다."
— 유대 격언

위대한 어머니

어머니의 손은 세상에서 가장 아름답습니다. 궂은일로 손가락이 무뎌지고 손등이 거칠어졌지만 역시 세상에서 가장 아름다운 손은 어머니의 손입니다. 어떤 기술자도 어머니의 손보다 뛰어날 수 없고, 어떤 의사도 어머니의 손을 당할 수 없습니다.

어머니만 한 선생님이 또 어디 있겠습니까? 어린아이의 쉴 새 없는 질문에도 무엇이든 대답해주셨으니 그보다 위대한 선생님은 없습니다. 자녀들의 첫 학교는 어머니의 품이며 어머니의 무릎이었습니다. 어머니의 무릎 교실에서는 낙방이 없습니다.

내게 어머니의 무릎은 첫 예배당이었습니다. 어머니에게서 기도를 배우고, 찬송을 배우고, 성경 말씀을 들었습니다. 어머니보다 더 위대한 설교자는 내 인생에 없었습니다.

이렇듯 모든 인간의 첫사랑은 어머니입니다. 그러므로 어머니의 위대한 사랑을 배워 실천합시다.

"부모는 오직 너의 아픔을 걱정한다."
— 공자

화목의 직책

사물을 보는 태도에 따라 두 종류의 사람이 있습니다. 늘 긍정적으로 보는 사람이 있는가 하면, 부정적으로만 보는 사람도 있지요. 사람 사이에서 믿어주는 사람은 언제나 귀합니다. 그는 과거 사실을 불리한 증거로 삼지 않으며, 한 번 실수를 영원히 돌이킬 수 없는 잘못으로 여기지 않습니다. 우리는 주변에 그런 사람들이 있다는 사실을 고마워해야 합니다. 그들의 관용과 인정으로 늘 새 힘을 얻기 때문입니다.

언제 어느 곳을 막론하고 위로와 격려가 필요한 사람은 항상 있게 마련입니다. 그러나 누구나 받으려고만 하지 스스로 위로와 격려를 나눌 사람은 귀합니다. 성경에서는 그런 사람을 두고 화목의 직책을 지닌 사람이라고 말합니다.

하나님께서 우리를 그렇게 대해주지 않으셨습니까? 우리는 늘 용서받은 죄인입니다.

"세상에는 두 부류의 사람이 있다.
한편은 자신이 죄인이라고 생각하는 의인이고,
다른 한편은 스스로 의인이라고 믿는 죄인이다."
– 파스칼

화해

독일 라벤스부룩(Ravensbrug) 수용소 벽에 이런 글이 새겨져 있습니다. 나치의 살인적인 만행을 겪은 누군가가 쓴 글입니다.

"오, 주님, 선한 의지를 지닌 사람들만 기억하지 마시고 악한 의지를 지닌 사람들도 기억하소서. 하지만 그들이 우리에게 가한 고통 일체를 잊지는 마옵소서. 그 대신 이러한 고통 때문에 우리가 맺은 열매들, 우리의 교제, 서로에 대한 충성, 겸손, 용기, 관대함을 기억하소서. 이 같은 고난으로부터 성장한 마음의 위대함을 기억하소서. 핍박한 자들이 주님 앞에서 심판받는 날, 우리가 맺은 모든 열매로 그들을 용서하소서."

바로 옆에 있던 사람이 갑자기 사라지는 광경을 망연자실 바라보아야 했던 죽음의 공포에서도 박해자들을 위해 기도한 그 사람은 나와 다른 특별한 사람이었을까요? 이름 석 자조차 남기지 않은 그 사람은 아마 더 큰 평화를 누렸을 것입니다. 만일 하나님께서 가장 기뻐하시는 뜻을 꼽으라면 단연코 화해와 평화를 꼽고 싶습니다.

"한 사람이 자기 죄를 회개하면 온 세상이 용서받는다."
– 유대 격언

예수님의 리더십

리더십에 관한 책은 언제든 관심을 끕니다. 리더십에 대한 세미나도 늘 성황을 이룹니다. 누구나 CEO를 선망하기 때문입니다. 좋은 리더십은 훈련이 필요하기 때문입니다.

교회에도 조직상 직책을 나뉘어 담임목사와 부목사 체계가 있습니다. 흔히들 "담임목사가 부목사를 쳐다볼 때는 독사의 눈을 하고, 교인을 쳐다볼 때는 비둘기의 눈으로 본다"고 합니다. 그러나 대상에 따라 보는 눈이 달라지면 참리더십이 아닙니다.

성경에서는 리더십을 남을 다스리는 능력이라고 말하지 않습니다. 예수님이 보여주신 리더십은 섬김이었습니다. 자신을 가리켜 스스로 심부름하는 자라고 말씀하셨습니다. 한마디로 예수님의 리더십은 섬기는 사랑에 바탕을 두고 있습니다. 그 사랑은 사람을 살리고 사람을 크게 키웁니다.

> "나의 관심은 하나님께서 우리 편에 계시냐 아니냐에 있지 않고,
> 우리가 하나님 편에 서 있냐 그렇지 않으냐에 있다."
> – 에이브러햄 링컨(Abraham Lincoln)

문제아

누구나 입만 열면 교육이 문제라고 말들 합니다. 요즘만이 아닙니다. 우리가 어렸을 때도 교육은 언제나 문제였고, 자식은 모든 부모에게 걱정거리였습니다. 또한 어느 나라든 젊은이들은 이유 없는 반항아였고, 어느 시대에나 불안한 존재였습니다.

언론은 신세대의 변화에 따라 X세대다, Y세대다 이름 붙이기를 좋아하지만 구세대가 볼 때 신세대는 언제나 불안하고 위험스러울 따름입니다. 하긴 요즘 아이들은 불의는 참아도 불이익은 못 참는다고 하더군요. 모두 어른의 시각입니다. 교육을 문제시하는 사람들의 관점은 언제나 대상을 모범생과 문제아로 구분하는 데 있습니다. 하지만 우리는 하나님 앞에서 모두 문제아입니다.

"낯선 사람의 발자취를 통해 나를 발견한다."
– 엠마누엘 레비나스(Emmanuel Levinas)

만리장성

만리장성은 북쪽 유목민을 방어하기 위해 세운 거대한 성벽입니다. 성벽이 너무나 높아 아무도 넘거나 무너뜨릴 수 없었습니다. 고통을 겪던 중국 변방은 불안에서 벗어나 안정을 누릴 수 있었습니다.

그렇다고 침략이 전혀 없었던 것은 아닙니다. 성벽을 쌓고 나서 처음 백 년 동안 세 차례나 침입을 받았다고 합니다. 성벽을 무너뜨리거나 성벽을 넘는 유목민들의 호전성 때문이 아니었습니다. 그들은 성문을 열고 편하게 성 안으로 쳐들어왔습니다. 성문지기를 매수했던 것입니다.

중국인들은 돌로 된 성벽에 의존하는 데에만 정신이 팔린 나머지, 자녀들에게 정직함을 가르치는 일을 잊어버렸습니다. 도덕을 가르치는 일만큼 높은 방벽은 없습니다.

"적은 부패는 없다. 부패는 그냥 부패다."
– 프랑스 파리시 감사원

손가락 기도

기도는 생활입니다. 그런데 남을 위해 기도하는 일은 쉽지 않습니다. 방법을 하나 알려드리겠습니다. 손을 펼치면 기도 대상이 무수히 떠오릅니다. 우리는 손가락을 하나씩 펼치며 기도할 수 있습니다.

첫 번째, 엄지손가락은 다른 손가락들보다 멀리 떨어져 있습니다. 멀리 떨어져 있는 사람들, 외국에 사는 가족과 친지, 해외동포, 선교사들을 위해 기도합니다.

두 번째, 집게손가락은 방향을 제시해주는 사람을 생각나게 합니다. 남을 손가락질할 때도 쓰입니다. 그러니 가르침과 충고를 주는 이들, 심지어 나를 비판하고 상처를 준 사람들을 위해 기도합니다.

세 번째, 가장 긴 가운뎃손가락은 어른을 의미합니다. 가족 중에 어르신, 나라와 민족의 대표자들을 위해 기도합니다.

네 번째, 약손가락은 연약한 사람들을 연상시킵니다. 병고에 시달리는 사람들, 믿음을 잃은 사람들, 사회적으로 소외된 자들을 위해 기도합니다.

마지막으로 새끼손가락은 자녀와 내게 속한 사람들을 위해 기도합니다.

"하나님은 모든 기도를 들으신다. 단, 응답은 골라서 하신다."

친구가 되어주세요

어느 탈북하신 분의 이야기를 들었습니다. 처음에 그들은 경제난 때문에 북녘을 떠났지만, 그 후로는 더 나은 삶을 위해 남쪽을 택했다고 하였습니다. 그들의 선택이 놀랍습니다. 물론 대부분은 돌아갈 데가 없어서 이곳에 왔다고 보는 편이 옳은 견해일 것입니다.

새터민들의 수기인 《마음으로 쓴 편지》를 읽으면서 우리가 쉽게 재단할 수 없는 깊은 아픔을 동시에 읽었습니다.

그는 남쪽에서 잘 정착하려면 사람을 잘 만나야 한다고 생각했습니다. 너무나 당연한 이야기입니다. 그러나 남한 사람들은 도무지 다른 사람에 대해 관심이 없다는 겁니다. 같은 아파트, 같은 층에 살면서도 이웃집과 얼굴 보기가 힘들어서 사귈 수가 없었다고 합니다. 그래서 아직까지도 좋은 남한 사람을 못 사귀었다고 아쉬워했습니다.

서로 친구가 되고 이웃이 되는 일, 사회 통합의 출발점입니다. 누구, 새터민의 친구가 되어줄 사람 있습니까?

"당신은 당신의 이웃을 아는가? 이웃이 이웃을 돕는다."
– 뮌헨시 경찰 홍보지

고유색

독일 속담에 "하나님의 백성은 다양한 얼굴색을 지닌다"는 말이 있습니다. 사실 민족마다 자기 색깔로 신앙을 고백하는 것을 보면 일리가 있는 말입니다.

예를 들어 아프리카에서는 예수님의 피부가 검은색이고, 인도에서는 황색이며, 서양에서는 백인의 얼굴을 하고 있습니다. 자기 얼굴색으로 예수님을 그리는 것은 신앙의 보편성과 고유함을 동시에 표현합니다.

사람마다 자기 색깔이 있습니다. 요즘처럼 감성적이고 개성을 중요시하는 시대는 일찍이 없었습니다. 똑같은 색깔을 강요하는 획일주의는 더 이상 우리 시대에 어울리지 않습니다.

아이들이 쓰는 크레용에서 '살색'이 사라진 것은 유력한 반증입니다. 그런데도 사람을 집단화하고 생각을 이념적 잣대로 판단하려는 구시대의 유물이 여전히 남아 있는 것도 사실입니다.

세 사람의 동방박사를 그리면서, 언제나 한 사람의 모습을 검게 표현하는 것은 바로 아기 예수님이 만민을 위한 분임을 일깨워줍니다.

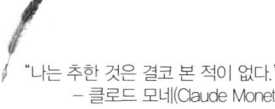

"나는 추한 것은 결코 본 적이 없다."
– 클로드 모네(Claude Monet)

나를 믿어주신다

옛말에 "나를 알아주는 사람을 위해 목숨까지 바친다"는 말이 있습니다. 나를 걱정해주는 사람 때문에 내가 행복하고, 나를 알아주는 사람 덕분에 내가 당당하고, 나를 믿어주는 존재로 말미암아 내가 바른 길을 걷습니다.

때로는 나를 알아줄 사람이 없어서 답답하다고 합니다. 그래서 속을 뒤집어 보이고 싶다고도 합니다. 내 자랑, 기쁨뿐만 아니라 내 슬픔, 답답함, 외로움, 괴로움까지 알아줄 사람이 있다면 인생은 보람 있습니다. 심지어 내 약점에도 불구하고 나를 믿어준다면 신앙의 차원일 것입니다.

사람들이 나를 알아주고 믿어주는 데는 한계가 있습니다. 그러나 하나님은 다릅니다. 심지어 어머니가 자식을 잊을지라도 하나님은 결코 그를 믿는 자를 잊지 않으십니다. 사람들이 나를 몰라줘도 하나님은 나를 염려하시고 알아주시고 믿어주십니다. 그러니 하나님께 나를 전적으로 맡기십시오. 신앙은 내가 믿는 것이 아니라 하나님께서 나를 믿어주시는 데서부터 시작합니다.

> "어머니가 어찌 제 젖먹이를 잊겠으며,
> 제 태에서 낳은 아들들 어찌 긍휼히 여기지 않겠느냐!
> 비록 어머니가 자식을 잊는다 하여도 나는 절대로 너를 잊지 않겠다."
> - 《성경》 이사야 49:15

Father, forgive

세계적인 화해운동의 상징으로 '코벤트리(Coventry) 기도'가 있습니다. 이 기도문은 1959년에 공식화된 이래 지금도 금요일 12시에 영국의 코벤트리 교회를 중심으로 유럽의 여러 교회에서 기도가 행해지고 있습니다.

여기에는 생생한 역사가 있습니다. 제2차 세계대전 초기인 1940년 11월, 독일군은 영국에 무차별 폭격을 했습니다. 코벤트리에 있는 교회 역시 철저하게 파괴되었습니다. 이때 교회의 지도자 중 한 사람인 리처드 하워드(Richard Howard)가 파괴된 성가대석 벽에 "Father, forgive(주여, 우리를 용서하소서)"를 새겨 넣었습니다. 주기도문의 두 단어였습니다.

이 짧은 기도문은 '코벤트리의 속죄기도'라는 이름으로 알려졌고, 전 세계 그리스도인들에게 화해의 사명을 일깨워주었습니다. 우리 기도는 용서를 구하면서 시작합니다. 내 삶과 우리 사회의 허물과 범죄에 하나님이 개입하시기를 바라면서 겸손히 엎드리는 것입니다.

"남을 용서하지 못하는 것은 다리를 파괴하는 것과 같다.
결국 자신도 강을 건너지 못하게 된다."

소금과 빛

기독교 출판사 두란노에서 발행하는 《소금과 빛》이란 잡지가 있습니다. 사실 처음에는 잡지명이 《빛과 소금》이었습니다. 빛과 소금을 말할 때, 흔히들 소금보다 빛을 먼저 말합니다. 어감이 듣는 이들에게도 자연스럽게 느껴집니다.

그런데 이 말이 처음 쓰인 성경을 보면 다릅니다. 예수님은 "너희는 세상의 소금이니……"라고 먼저 말씀하시고, 이어서 "너희는 세상의 빛이라"고 하셨습니다. 그 순서의 의미는 특별합니다. 누구든 빛을 앞세우고 그다음에 소금이 된다고 생각합니다. 그러나 일단 높아지고 나서 다시 낮아진다면 논리적으로 앞뒤가 맞지 않습니다.

먼저 소금처럼 희생하고 나서 그다음 빛으로 드러나는 것이 이치에 맞지 않을까요? 성경이 말하려는 것은 소금의 희생이 먼저고 빛의 영광이 나중이었습니다. 기독교 신앙의 핵심인 '십자가와 부활'도 마찬가지 이치입니다.

"주님, 저로 하여금 죽는 날까지 물고기를 잡을 수 있게 하시고, 마지막 날이 찾아와 당신이 던진 그물에 내가 걸렸을 때 바라옵건대 쓸모없는 물고기라 여겨 내던져짐을 당하지 않게 하소서."

성인이 되는 비결

윌리엄 도일(William Doyle)이 쓴 《성인이 되는 비결》이란 책이 있습니다. 이 책은 가톨릭 성자인 윌리엄 도일의 일기와 메모를 묶은 것입니다. 그가 말하는 성인이 되는 비결은 참으로 단순하고 소박합니다.

이를테면 '어린이들을 부드럽고, 솔직하게, 참을성을 가지고 대해라. 남에게 불친절과 분노를 표현하거나 야박한 말을 입에 올리지 마라. 언제나 시간을 정확히 지켜라. 작은 고통에 대해 위안을 찾지 마라' 등 내용을 읽어보면 마치 바른생활운동처럼 느껴집니다.

그는 위대한 선행에는 특별한 기회가 있다고 강조합니다. 또한 그 희생의 대가로 외적인 영예가 따를 것이라고 했습니다. 더욱 어려운 것은 작은 희생입니다. 비록 보잘것없어 보이지만 너무나 자주 돌아오기에 더 어렵습니다. 결국 기본에 충실하라는 말씀입니다.

중요한 것은 거창한 한 건이 아닌, 자잘한 백 건입니다.

"생활의 규모에서 '아름다운 뺄셈'을 게을리 하지 말자."

메세나

현대의 많은 기업들은 친화력을 높이기 위해 투자를 아끼지 않습니다.

기업의 변신은 경영철학의 반영이며 높아진 시민의식에 대한 반응입니다. 기업에 가장 중요한 것은 질 좋은 상품을 생산하는 일이지만, 최근 기업들의 이미지 개선 움직임은 생존전략의 필수과정으로 여겨집니다.

'메세나(Mecenat)'라고 불리는 홍보전략은 이윤을 사회에 환원하는 윤리경영을 실천함으로써 회사의 이미지를 향상시키는 것을 의미합니다. 단순한 기부에서 현장 봉사로 발전하여 일사일촌 운동, 친환경 경영, 기업의 숲 가꾸기와 하천 살리기, 사랑의 집짓기, 행복 도시락, 간병 봉사단, 들꽃사랑 캠페인, 환경학교 등 이제 일회성 이벤트 수준을 넘어섰습니다.

사실 규모는 작아도 이미 많은 교회들이 해온 일들입니다. 기업이 홍보를 위해 한다면 교회는 생명 구원을 위해서 합니다. 그러니 교회가 더욱 잘해야 하는 것은 당연합니다.

> "우리는 가난한 사람들과 불행한 사람을 위해 기도할 뿐만 아니라
> 그들과 더불어 기도해야 한다."
> – 요한네스 메츠(Johannes Metz)

바보 어머니

나이 든 사람끼리 하는 농담이 있습니다. '기성세대 3대 바보'가 누군지 아십니까?

첫째는 예순 살이 넘어서 집을 늘려 이사 가는 사람이고, 둘째는 장가든 자식과 함께 살면서 손자손녀를 봐주는 사람이며, 셋째는 자식한테 미리 재산을 다 물려주고 용돈을 타 쓰는 사람이랍니다. 아마 그들은 여전히 자식을 향한 기대를 품고 있기에 바보일 것입니다. 나이가 들어서도 부모의 자식 자랑은 유별난 일이 아닙니다.

주변에서 신장 때문에 어려움을 겪는 사람을 많이 봅니다. 신장 기증은 대부분 가족 간에나 가능한데 그중에 어머니가 아들에게 주는 경우가 가장 많다고 합니다.

어느 어머니는 의사에게 "내 신장을 두 개 모두 떼어보고, 둘 중에서 좋은 것으로 아들에게 주십시오" 하고 간청을 했다고 합니다. 의사가 "두 개 다 떼어내면 어머니가 죽습니다" 했더니, 그래도 어머니는 "꼭 두 개 다 떼어보고 좋은 것으로 이식해주십시오"라고 했답니다. 자식의 일이라면 어머니는 언제나 최고로 바보가 됩니다.

"네 어버이를 즐겁게 하여라. 특히 너를 낳은 어머니를 기쁘게 하여라."
– 《성경》 잠언 23:25

겸손한 지도자

숲 속에 커다란 소나무와 그보다 훨씬 작은 관목이 있었습니다. 작은 관목이 발아래 있는 땅을 내려다보면서 이렇게 말했습니다.

"자, 보아라. 내가 얼마나 큰지……."

그러나 커다란 소나무는 높은 하늘을 올려다보면서 이렇게 말했습니다.

"아, 내가 이렇게 작다니!"

누구든지 지도자가 된 사람은 겸손의 미덕을 배워야 합니다. 출애굽의 지도자 모세는 이스라엘 백성과 마주할 때 자신의 빛나는 얼굴을 수건으로 가렸습니다. 진정한 그리스도인은 겸손이라는 수건으로 자신의 장점을 가릴 줄 압니다. 그리스도인은 은밀하게 자선을 행하고, 그 사실이 알려지는 것을 부끄러워합니다.

감리교회 장단기발전위원회는 권위적인 리더십으로는 더 이상 교회의 미래를 기대할 수 없다고 결론을 내렸습니다. 다시 예수님의 마음으로 돌아가야만, 섬김의 마음을 회복해야만 미래의 교회가 될 수 있다는 것입니다.

"순종하는 법을 배운다. 남에게 복종하는 것처럼 보이지만 사실 나를 향해 무릎을 꺾는 일이다."

말의 자유

독재자들의 지배 수단은 물리력입니다. 민주적 정당성이 없을수록 곤봉과 강제력 등 온갖 폭력을 수단으로 행사하여 통제하려고 듭니다. 폭력은 말을 독점하고 모든 네트워크를 가로막습니다. 우리나라에서는 독재 시대가 끝난 후 폭력이 아닌 말로 정치하는 시대가 왔습니다. 물론 권위주의에 길들여진 사람들의 입장에서는 말보다 폭력이 훨씬 일사불란해 보입니다.

말로 정치를 하는 일은 결코 말처럼 쉽지 않습니다. 말이 얼마나 폭력적인지를 여의도는 물론 인터넷 같은 가상공간에서 쉽게 경험합니다. 때로는 말이 물리적 수단보다 훨씬 위험하게 느껴집니다.

말의 자유를 통해 진실을 추구해야 하는데 오히려 말의 자유가 걸림돌이 되는 경우가 많습니다. 이러한 자유가 상처를 주고 못을 박았습니다. 그렇다고 말의 자유를 포기할 수는 없습니다. 자유로운 말은 혼란스러워 보이지만 하늘이 주신 권리입니다. 다만 그 말에는 울림과 떨림이 있다는 사실을 늘 명심해야 합니다.

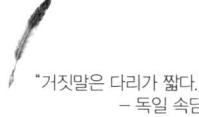
"거짓말은 다리가 짧다."
— 독일 속담

피스메이커

우리는 자주 사람값을 따집니다. 이름값, 덩칫값, 나잇값 등 더 구체적으로 따지면 사람 평가가 초라해집니다. 흔히 자기 능력을 과시하며 몸값을 따지지만 그런 사람일수록 별 볼일이 없습니다.

성경을 보면 가장 훌륭한 사람은 평화를 위해 일하는 사람, 즉 '피스메이커(Peace Maker)'입니다. 그는 하나님의 아들로 불리게 될 것이기 때문입니다.

평화를 만드는 사람은 몇 가지 특징이 있습니다.

먼저 자신의 약점과 연약함, 불완전함을 인정할 줄 아는 겸손한 사람입니다.

둘째로 역지사지(易地思之)하는 마음을 지니고 있습니다. 그래서 상대방의 입장을 헤아릴 줄 아는 지혜를 지닌 사람입니다.

셋째로 참을성이 많고 오래 기다릴 줄 압니다. 그런 사람일수록 자신의 한계를 깨달아 하나님께 의지합니다.

그리스도인이라면 마땅히 그럴 줄 알아야 합니다.

"장미의 비밀을 생각해보시오. 장미는 향기를 내기 때문에 모든 사람이 좋아합니다. 형제여, 당신도 향기를 내시오!"
— 마하트마 간디(Mohandas Karamchand Gandhi)

신대륙의 아이들

세대 차이를 가장 잘 느낄 수 있는 곳은 가정입니다. 가족 안에서 일어나는 갈등과 긴장은 대개 세대 간의 간격 때문입니다. 그런 만큼 가정은 세대 간, 다시 말해 어른 아이 간, 부모 자식 간, 구세대 신세대 간의 대화와 이해, 설득과 동의, 교육과 상호 교육이 필요합니다.

아이들은 자주 변합니다. 미운 일곱 살이나 사춘기는 예상할 수 있으니 새로울 것도 없습니다. 문제는 문화와 세태에 빠르게 적응하는 아이들의 변화를 부모가 미처 따라가지 못한다는 사실입니다. '우리 아이들이 변한다'는 사실에 두려워할 필요는 없습니다. 바로 세상이 변하고 있음을 가장 정직하게 느끼는 존재이기 때문입니다.

신대륙을 발견한 콜럼버스(Christopher Columbus)는 그 전에 왕의 허락을 받아야 했습니다. 설득이 쉽지는 않았습니다. 콜럼버스는 궁정 사람들에게 창밖을 보라고 외쳤습니다.

"창밖을 보십시오. 모두 몽상가들이 만들었습니다."

신세대 아이들은 아마도 자신들이 중심이 된 신대륙, 신세계를 만들게 될 것입니다.

"사물을 있는 그대로 보는 사람에게서 예술이란 생겨날 수 없다."
– 피카소(Pablo Picasso)

암에 걸릴 확률

종종 병원 심방을 하면서 남의 불행을 보고야 나의 건강을 되돌아보고는 합니다. 한번은 암에 걸려 투병하는 분을 찾아간 일이 있습니다. 어떤 말로 위로할까 고민했는데, 상대방을 배려하는 그의 진심에 정작 위로를 받은 것은 나 자신이었습니다.

그는 병을 얻고 수술을 한 후 치유 과정 속에서 뒤늦게 자신을 성찰할 기회를 얻었다고 합니다. 그는 암환자들의 공통된 자기진단이라며 다음과 같은 유형이 암에 걸릴 만하다고 알려주었습니다.

첫째로 성격이나 일에서 깐깐한 사람, 둘째로 부모님께 불효하는 사람, 셋째로 미워하는 이가 있는 사람, 그리고 마지막으로 스스로 자신이 착하다고 믿는 사람이랍니다.

그는 자신도 누군가를 몹시 미워했는데 지금은 마음으로 화해하기 위해 애쓴다고 했습니다. 질병을 통해 인생의 지혜를 깨닫게 된 그의 너그러움을 보면서 고난조차 선물로 다가왔습니다.

"일취월장하는 성공 속에서만 하나님이 자비하다고 생각하지 말게 하시고, 거듭되는 실패 속에서도 하나님이 내 손을 힘껏 쥐고 계시다고 감사하게 하소서."
– 타고르(Rabindranath Tagore)

고쟈크의 눈높이 교육

예루살렘의 신시가지에 야드바셈이 있습니다. '기억의 산'이라고 불리는 그곳에 6백만 그루의 나무를 심었는데 나치에게 학살당한 유대인들 6백만 명을 기억하려는 뜻입니다. 그들 가운데 유명한 두 외국인이 있습니다. 하나는 영화 《쉰들러 리스트》로 잘 알려진 독일인 쉰들러이고, 또 다른 사람은 고쟈크(Janusz Korczak) 라는 폴란드인 초등학교 선생님입니다.

어느 날 독일 군대가 폴란드 작은 마을의 초등학교에 유대인 학생들을 잡으러 왔습니다. 아이들이 겁을 집어먹자 고쟈크 선생님은 아이들의 손을 잡고 동행해주었습니다. 그는 함께 포로수용소에 갇혀서도 아이들의 손을 놓지 않았으며, 결국에는 죽음의 현장까지 손을 잡아주었습니다.

야드바셈의 유명한 조형물 가운데 인자한 고쟈크 선생님과 두려움의 그림자가 드리워진 유대인 아이들이 함께 있는 부조물이 있습니다. 특징적인 것은 선생님의 얼굴은 아이들에 비해 크지만 키는 비슷하게 조각된 점입니다. 눈높이 교육이란 이런 것이구나 하는 깨달음에 가슴이 먹먹해집니다.

"한 생명을 구하는 자는 세계를 구한다."
– 〈쉰들러 리스트〉

사람값

비정규직 문제가 심각합니다. 정규직에 비해 사람값은 똑같은데 임금은 절반에 불과하니 당사자는 오죽 마음이 상하겠습니까? 예수님이 말씀하신 비유는 진정한 사람값을 따지고 있습니다.

포도원 주인이 일꾼을 얻기 위해 아침 일찍 장터에 나갔습니다. 주인은 일꾼들을 고용한 뒤 다시 장터에 나가 일꾼을 구했습니다. 이러기를 몇 차례 하던 중에 날이 저물기 전인 오후 5시에도 나가서 놀고 섰던 사람들을 불렀습니다. 인력시장의 경쟁에서 하루 종일 외면당한 자들이었습니다.

당시 하루 품삯은 1데나리온이었는데, 그것은 최저생계비로 하루라도 일을 못하면 어려울 것은 불 보듯 뻔했습니다. 작업을 마치고 일당을 나눠 줄 때 주인은 나중에 온 자에게 먼저 일당을 주었습니다. 그런데 기껏해야 한 시간 일한 자나 하루 종일 일한 자나 그 삯이 같았습니다. 현실의 논리는 전혀 힘을 발휘하지 못했습니다.

주인은 임금의 관례를 무시하지 않았습니다. 그가 관심을 가진 것은 능력이 적은 사람과 불운한 사람의 '일용할 양식'의 문제였습니다. '사람값'은 누구에게나 예외를 둘 수 없습니다.

"왜 나에게 이렇게 많이 몰려옵니까?
가난한 당신들의 이웃에게로 가십시오. 거기에 주님이 와 계십니다."
— 마더 테레사

영성과 리더십

요즘 기업경영의 리더십으로 '섬김의 리더십'이 각광을 받고 있습니다. 팔을 걷어붙이고 자원봉사자로 나선 최고경영자들, 장애인공동체에서 환자를 수발하는 CEO의 모습은 단순한 기업 홍보 차원을 넘어서 이제 우리 사회의 필수 문화로 정착하고 있습니다. 이는 이미 오래전부터 교회가 실천해오던 것입니다. 그러나 요즈음 교회들이 내 교회 중심으로 철옹성을 쌓아가고 있는데 오히려 기업들은 이윤 추구를 넘어서 문화를 만들어가고 있습니다. 리더십에도 영성이 있습니다. 리더십이 영향력이라면 영성은 생명력입니다. 영성 없는 리더십은 무기력하고, 리더십 없는 영성은 무능할 수밖에 없습니다. 지도자는 영성과 리더십을 잘 갖춘 인물이어야 합니다. 영성은 없이 영향력만 행사하려는 지도자는 반드시 문제에 부딪히게 마련입니다. 우리가 겸손하게 하나님을 바라고 의지할 때 좋은 리더십을 갖춘 존경받는 지도자가 될 수 있습니다.

"하나님을 사랑하라. 그리고 당신 좋은 대로 하여라."
– 성 어거스틴

사마리아인처럼

성경에서 이웃 사랑의 대표적인 모델을 꼽으라면 선한 사마리아 사람이나 삭개오를 들 수 있습니다. 강도를 만난 이에게 도움을 준 사마리아 사람과 재산의 절반을 기부한 세리 삭개오는 이방인 취급을 받던 공동체 안의 아웃사이더들이었습니다.

지금 유럽에서 전개되는 수많은 사회복지운동들. 대표적으로 개신교회의 '디아코니아 운동'이나 '세계를 위한 빵', 가톨릭의 '미제라블 운동' 등은 이웃 사랑의 구체적인 사례입니다. 이웃 사랑은 선한 사마리아인의 나귀나 삭개오의 식탁처럼 구체적인 행동에서 시작합니다.

예수님은 선을 행할 때 오른손이 한 일을 왼손이 모르게 하라고 하셨으며, 누가 5리를 가자고 하면 10리를 가주라고 말씀하셨습니다. '왼손의 마음'과 '10리의 정신'은 이웃 사랑의 출발점입니다.

"나는 접속한다. 그러므로 나는 존재한다."
— 제레미 리프킨(Jeremy Rifkin)

축복의 통로

〈야곱의 축복〉은 한때 선풍적인 인기를 끌었던 복음성가입니다.
"너는 하나님의 선물, 사랑스러운 하나님의 열매, 주의 품에 꽃 피는 나무가 되어줘."
사람들은 누구나 축복을 사모합니다. 축복된 사람이기를 간절하게 소망하고 있습니다. 우리가 축복을 기뻐하고 의심하지 않는 것은 우리 한 사람 한 사람이 하나님의 선물이요, 계획이기 때문입니다.
복을 주시는 분은 궁극적으로 하나님이시지만 축복의 통로가 된 사람들도 있습니다. 아브라함이 그랬고 이삭이나 야곱은 축복의 대명사가 되었습니다. 하나님은 사람의 말과 손을 빌려서 복을 전하게 하셨습니다. 축복의 통로가 되는 삶은 얼마나 복됩니까?
내 자녀와 기업과 공동체 안에서 남을 위해 기도하고 몸으로 섬기며 값없이 사랑하는 사람은 이미 축복의 통로가 된 사람입니다. 믿음의 조상, 그는 어떤 특별한 직책을 지닌 사람이 아니라 어떤 특별한 사랑의 의미를 아는 사람입니다.

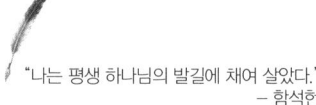
"나는 평생 하나님의 발길에 채여 살았다."
– 함석헌

선을 행하라

"초대교회로 돌아가자"는 구호가 있습니다. 박해와 순교로 점철된 그 시대의 기독교는 원형을 간직한 신앙공동체였습니다. 아테네의 기독교 변증가인 아리스티데스(Aristides)는 그리스도인을 박해한 로마 황제 하드리아누스(Hadrianus)에게 이렇게 말했습니다.

"그들은 서로 사랑합니다. 과부를 보고 그냥 지나치는 법이 없으며, 학대받는 고아들을 구해줍니다. 자신들이 가진 것을 조건 없이 나누어 주고, 나그네를 보면 집으로 데려갑니다. 그리고 진짜 형제처럼 행복해합니다."

존 웨슬리의 신앙부흥운동도 초대교회의 정신을 닮고자 한 것입니다. 그는 산상수훈을 주제로 한 설교에서 "우리 속에 있는 하나님의 향기를 우리가 접촉하는 모든 것과 우리가 섞여 있는 사회에 발산해야 하지 않겠습니까"라고 하였습니다.

그는 그리스도인이 지녀야 할 기본적인 삶의 윤리에 대해 가르쳤습니다. 그것은 너무나 간단한 원리였습니다. "남에게 해를 끼치지 않고, 모든 선을 행하며, 하나님의 사랑 안에 머물라"는 것입니다.

> "네가 할 수 있는 모든 선을 행하라. 네가 살아 있는 동안에, 모든 힘을 다하여, 모든 방법을 다하여, 모든 처지에서, 모든 장소에서, 모든 기회에, 모든 사람에게 선을 행하라."
> – 존 웨슬리

지극히 작은 한 사람

예수님의 "내 형제 중에 지극히 작은 자 하나"에 관한 말씀은 인간의 소중함을 일깨워줍니다.

지금은 기억조차 희미해졌지만 1960년대부터 교회는 산업선교의 현장에서 사회 약자들을 돌보았습니다. 비록 소수에 불과하였으나 그들은 우리 사회를 새롭게 하는 누룩이 되었습니다. 험악하던 그 시대에 과연 '예수 사랑' 없이 누가 스스로 고난을 자처했겠습니까? 하나님께서 고난당하는 사람과 함께하심을 믿었기 때문입니다.

세상은 달라졌지만 "내 형제 중에 지극히 작은 자 하나"에 대한 하나님의 관심은 변할 리가 없습니다. 오늘날 거대 담론에 취해 있는 인간들의 관심사에서 소외되었을 뿐입니다.

돌아보십시오. 우리 안의 타자와 공동체의 소수자, 사회 약자들은 여전히 우리 곁에 존재합니다. 장애인, 외국인 노동자, 성적 소수자, 가난한 이웃은 성숙한 민주주의의 울타리 밖에 있습니다.

다시 "지극히 작은 자 하나"에 대한 애정을 회복해야 합니다.

> "전도는 한 거지가 다른 거지에게 가서 어디에 가면 빵을 얻을 수 있는지 가르쳐주는 것이다."
> – D. T. 나일스(Niles)

3
만족을 주는 1분

습관들이기

태국 사람들은 코끼리를 이렇게 길들인다고 합니다.

먼저 아기 코끼리가 태어나면 발에 쇠사슬을 묶어 나무에 매어 둡니다. 어려서부터 코끼리는 쇠사슬은 결코 움직일 수 없게 만드는 것이라고 생각합니다.

나중에는 쇠사슬을 더 이상 나무에 매어두지 않아도 코끼리는 발목에 묶인 쇠사슬의 길이 안에서만 움직일 수 있다고 믿습니다. 어린아이도 쉽게 코끼리를 다룰 수 있는 것은 그 때문입니다.

흔히 인생의 절반은 습관을 만드는 기간이고, 그 나머지 인생은 만들어진 습관에 따라 살아간다고 합니다. 힘쓰는 만큼 인생의 즐거움을 얻을 수 있습니다.

세상에서 가장 즐겁고 멋진 것은 일생을 바쳐 할 일이 있다는 사실입니다. 일생을 바쳐 해야 할 일이 있는 사람은 행복합니다.

"삶의 길이는 하나님 마음대로 하실 일이지만,
그 넓이와 깊이는 내가 습관을 들인 대로 살아갈 수 있다."

인생의 진화

인간은 갓난아기 때 가장 먼저 단맛을 알고 짠맛, 신맛을 배운 후에야 비로소 쓴맛을 배운다고 합니다. 쓴맛을 가장 늦게 배우는 이치는 자연스러워 보입니다. 인생의 쓴맛을 가장 늦게 알게 되는 셈입니다. 단맛, 짠맛, 신맛, 그리고 쓴맛은 마치 인생의 네 단계처럼 느껴집니다.

사람은 죽을 때까지 배웁니다. 그래서인지 나잇값을 못하는 경우가 많습니다. 이는 자기 자신보다 남을 탓하는 사람에게서 더욱 잘 드러납니다. 그들은 마음에 불평이 쌓일 때 그것을 남의 탓으로 돌립니다. 내 마음에 기쁨과 평화, 희망이 사라졌다고 해서 남을 탓하는 것은 유치한 태도입니다.

옛말에 화복동문(禍福同門)이라고 하였습니다. 화와 복은 모두 자신이 불러들인다는 뜻입니다. 내게 쌓이는 불평과 불만은 바로 내 속에 사랑이 없기 때문입니다.

나이 든다는 것은 자기 안에 뿌린 사랑의 결실로 풍요로운 삶을 산다는 의미입니다. 사랑 때문에 인생은 나이가 들수록 진화합니다.

"믿음은, 살아 있고 배움이 있는 공동체 속에서 영속된다."
- 알브레히트 쉔헤르(Albrecht Schoenherr)

웃음은 마음의 조깅

웃음이 상품화되는 시대입니다. 웃음 치료는 특효약이라고도 합니다. 정신건강을 위해 하루에 일곱 번씩 웃으라는 조언도 듣습니다.

나이가 들수록 싱겁게 웃지 못합니다. 웃음이 헤픈 사람에게는 입버릇처럼 "실없는 사람"이라고 한마디 합니다. 유머가 넘치는 설교를 준비하려고 노력하지만 늘 성공하지는 못합니다. 아마도 웃음은 천부적인가 봅니다.

웃음은 본능이라고 합니다. 그만큼 웃음은 행복해지고 싶은 내적 욕구의 표현입니다. 웃음을 원하는 것이 행복해지고 싶은 욕구를 의미한다면, 누구나 웃음을 원한다는 것은 그만큼 행복을 느끼지 못하는 사람들이 많다는 반증입니다.

실제 사회는 빠른 속도로 웃음을 원하고 있습니다. 웃음은 마음의 조깅이라고 합니다. 땀 흘려 뛰는 일이 기쁨을 선사하지만, 배꼽이 빠지도록 웃어도 속이 시원합니다.

"웃음은 어릴 때부터 배워야 한다."
– 임마누엘 칸트(Immanuel Kant)

딸깍발이

일생을 정리하면서 자서전 한 권쯤 남길 욕심을 냅니다.

일석 이희승 선생의 《딸깍발이 선비의 일생》은 아흔 해의 삶을 구술한 자서전입니다. 이 책을 읽으면서 한 사람의 일생 가운데 드러나는 기쁨과 영광뿐만 아니라 걱정과 괴로움의 의미도 이해하게 되었습니다.

"아무리 해도 소용없는 걱정은 하지 말 것"이라는 선생의 말은 언뜻 당연한 것 같아도 우리가 늘 걸려 넘어지는 문지방과 같습니다. 그렇기에 자손들만이 아니라 누구나 새겨들어야 할 유산입니다. "걱정도 팔자다"란 우리 속담도 쓸데없는 걱정의 무의미함을 잘 일깨워줍니다. 인생 약방문과 같은 지혜를 남길 어른으로 살 수 있다면 얼마나 좋겠습니까.

날마다 걱정이란 물동이를 머리에 이고 근심이란 멍에를 어깨에 걸고 살아가는 사람들에게 큰 기쁨이 될 것입니다.

"너희는 마음에 근심하지 말아라. 하나님을 믿고 또 나를 믿어라."
– 《성경》 요한복음 14:1

테레사 효과

'테레사 효과'라는 말이 있습니다.

봉사하는 즐거움에 대해 한 연구기관에서 흥미로운 조사를 했습니다. 돈을 받는 노동을 한 사람들과, 아무런 대가 없이 봉사에 참여한 두 그룹을 대상으로 사후 체내 면역 기능의 변화를 알아본 것입니다. 그 결과 무료 봉사활동을 한 사람들의 면역 기능이 크게 증가하였습니다.

실험은 한 단계 더 나아갔습니다. 이번에는 마더 테레사의 전기를 읽게 한 후 인체의 변화를 조사했는데 수치는 다르지만 같은 결과를 얻었습니다. 비록 봉사활동을 한 것은 아니지만 책을 읽은 것만으로도 면역 기능이 향상되었습니다.

남을 위해 봉사하거나 그런 행위에 감동받은 일로 행복감을 느끼는 것은 당연합니다. 살맛이 나기 때문입니다. 지금 내 존재는 남들이 베풀어준 사랑의 결과요, 열매입니다. 그 사랑을 세상에 다시 돌려주지 않고서 내 삶의 진정한 의미를 찾기는 어렵습니다.

> "누가 더 높으냐? 밥상 앞에 앉은 사람이냐? 시중드는 사람이냐? 밥상 앞에 앉은 사람이 아니냐? 나는 시중드는 사람으로 너희 가운데 와 있다."
> – 《성경》 누가복음 22:27

굿과 배드

처음 미국에 갈 때 먼 여행길에 적잖은 부담과 지루함을 느꼈습니다. 오랜 비행 끝에 드디어 공항에 착륙하면서 기장의 인사말이 기내 분위기를 일깨웠습니다. 제 기억에 대충 이런 이야기였습니다.

"여러분, 배드(bad) 뉴스와 굿(good) 뉴스가 있습니다. 배드 뉴스는 지금 밖에 비바람이 심하게 불고 있다는 것입니다. 굿 뉴스는 그럼에도 불구하고 비행기가 안전하게 도착했다는 사실입니다."

사람들이 박수를 치더군요. 마치 비행기가 양 날개로 날아가듯이 세상을 '굿과 배드', '오른손과 왼손', '좌와 우' 두 눈으로 봐야 한다는 평범한 진리는 어디서나 통용되는 상식입니다.

"삶에 아무런 문제도 없는 사람은 이미 경기에서 제외된 사람이다."
– 엘버트 허바드(Elbert Hubbard)

청지기의 마음

종종 내 것이 아닌데 내 것으로 착각하는 경우가 있습니다. 남의 물건을 빌려다가 오랫동안 쓰고 나면 내 물건인 줄 착각하게 됩니다. 그래서 돌려줄 때가 되면 아쉬운 생각이 먼저 듭니다. 이러한 착각은 소중한 것일수록 더욱 심합니다.

생명도, 자녀도, 건강도 내 것이 아닙니다. 오랜 세월 맡아서 관리하다 보니 어느새 내 것인 줄 착각하는 것입니다.

그래서 청지기의 마음을 지녀야 합니다. 내게 주신 모든 소중한 것들은 일정한 때가 오면 다 되돌려드려야 합니다. 하나님의 은혜로 잠시 내게 맡겨졌을 뿐 내게 속한 것은 아니기 때문입니다.

누구나 예외 없이 결산의 시간이 다가올 것입니다. 자신이 청지기에 불과하다는 생각을 하게 될 때, 결국 우리에게 남는 것은 사랑의 잔고입니다.

"내가 가진 부는 무한하다. 왜냐하면 나의 재산은 소유가 아니라 향유이기 때문이다."
— 헨리 데이비드 소로

삶의 목표

정채봉 선생의 글에 이런 이야기가 있습니다. 1960년대에 서울로 올라온 시골 젊은이가 서울 사람들이 사는 모습을 보고 고향에 있는 친구에게 편지를 보냈습니다.

"서울 사람들의 삶의 목표는 오직 일자리 구하는 데 있는 것 같다."

이 젊은이가 1970년대에는 이렇게 썼습니다.

"서울 사람들의 삶의 목표는 오직 돈벌이에 있는 것 같다."

1980년대 들어서서 또다른 편지를 씁니다.

"지금 서울 사람들의 삶의 목표는 권력에 있는 것 같다. 권력이면 모든 일이 다 될 것처럼 생각하고 수단과 방법을 가리지 않는다."

1990년대에는 이런 편지를 썼습니다.

"서울 사람들이 사는 모습은 곧 스피드다. 얼마나 바쁘게 사는지 단 1분의 시간을 얻기 위해 목숨을 걸고 달린다."

우리 삶의 모습입니다. 그토록 바쁘게 뛰어다닌 결과가 바로 오늘 우리 자신입니다. 원래 삶의 목표는 무엇이었습니까?

"그리스도인은 성공 여부가 아니라 성실성 여부에 따라서 보상을 받는다."
– 존 올드필드(John Oldfield)

랍비와 나귀

한 율법 학교 학생이 스승에게 와서 자신은 랍비가 될 자격을 갖추었다고 자랑하였습니다. 스승은 "네가 말하는 자격이 무엇이냐?"고 물었습니다.

학생은 "저는 제 몸을 단련해 맨땅 위에서도 잠을 잘 수 있고, 들판의 풀을 먹을 수 있으며, 날마다 채찍으로 세 번씩 제 몸을 때리며 훈련하고 있습니다"라고 대답했습니다. 스승은 멀리 떨어져 있는 나귀를 가리키며 말했습니다.

"저 나귀를 보아라. 저 나귀는 맨땅 위에서 자며, 들판의 풀을 먹고, 날마다 세 번 이상 채찍으로 맞는다. 지금까지 너는 나귀가 될 자격을 갖춘 것이지 랍비가 될 자격을 갖춘 것이 아니다."

우리에게 중요한 것은 형식적인 자격이 아닙니다. 자격은 무엇이 되려고 일하는 데서 갖춰지는 것이 아니라, 일하다 보니 그 무엇이 되는 것입니다.

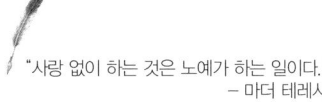

"사랑 없이 하는 것은 노예가 하는 일이다."
– 마더 테레사

은메달의 눈물

운동선수에게는 올림픽 금메달이 가장 큰 영광입니다. 올림픽에 출전하는 그 자체만으로도 이미 대단한 성과이지만 역시 면류관은 금빛 메달입니다. 그렇다고 금메달만 최상은 아닙니다. 금메달보다 값진 대한민국 여자 핸드볼 선수들의 은메달을 우리는 기억하고 있습니다. 어떤 선수는 안타깝게 금메달을 놓쳤지만 소중한 은메달을 따고 펑펑 울어서 '은메달의 눈물'이란 말이 생겨났습니다.

우리도 치열한 경쟁의 운동장에 서 있습니다. 사업도, 자녀교육도, 인간관계도 온통 경쟁이어서 비단 운동선수가 아니라도 보통 사람들 역시 마치 경주하듯이 뛰어다닙니다. 이러한 경쟁에 뒤처지지 않으려고 얼마나 많은 스트레스를 받고 살아갑니까?

매사에 기다리지 못하고, 허겁지겁 서두르며, 남보다 앞서려고 발버둥치는 우리 사회는 고장 난 속도계를 고칠 여유와 지혜가 필요합니다.

"적을 패배시키는 가장 좋은 방법은 당신의 친구로 만드는 것이다."
– 에이브러햄 링컨

믿음의 아버지

예로부터 성탄절의 주연은 언제나 어머니 마리아였습니다. 성탄을 주제로 한 명화를 보면 어머니 마리아의 당당한 모습과 달리 아버지 요셉은 그저 곁에 서 있거나 아예 등장하지 않습니다. 그런데 몇 해 전부터 아버지 요셉이 조명을 받고 있습니다.

요셉은 입이 무겁고 책임감이 강한 가장이었습니다. 렘브란트의 예수 탄생 연작을 보면 애굽의 피난길도 주저하지 않는 아버지 요셉의 희생을 잘 표현하고 있습니다.

성탄을 예비한 또 한 사람의 아버지가 있습니다. 세례 요한의 아버지 사가랴입니다. 아들의 출생을 맞아 사가랴는 하나님이 인간을 방문하시고, 긍휼히 여기시며, 언약을 지키셨음을 찬양합니다. 그동안 우리는 아버지의 역할에 대해 무심하였습니다. "어머니는 겉으로 울고, 아버지는 속으로 운다"는 말로 그 책임을 접어두기도 하였습니다. 우리는 믿음의 아버지들 속에서 신실함을 새롭게 발견합니다.

"성탄일은 하나님의 사랑을 실천하는 기념일이다."
– 우치무라 간조(內村鑑三)

감사할 이유

국민소득 2만 달러 시대라고 합니다. 불과 얼마 전만 해도 보릿고개를 염려했는데 참 대단한 성취입니다. 그런데 사람들에게 만족감을 찾기가 어렵습니다. 물론 코앞에 닥친 현실은 결코 여유를 주지 못합니다. 그러나 우리에게는 감사해야 할 이유가 충분합니다.

선교사 언더우드(Horace Grant Underwood)의 증손자 원한광 교수가 몇 해 전에 미국으로 돌아가면서 이런 말을 하였습니다.

"한국에 사는 동안에 단 한 번도 경기가 좋아졌다, 살 만하게 되었다는 말을 들어보지 못했다."

우리는 분명히 잘살게 되었고 이전과 비교하면 말할 수 없이 풍성해졌습니다. 감사하는 마음을 오죽 표현하지 못했으면 푸른 눈의 그에게 감사할 줄 모르는 백성으로 비쳤을까 하는 안타까운 생각이 들었습니다.

절망 속에서 희망을 말하는 것은 신앙인이 지닌 능력입니다. 모두 절망하고 눈앞이 캄캄하다고 좌절하는 가운데 감사할 수 있는 것은 용기입니다.

"작은 복은 자신에게 달렸고, 큰 복은 하늘에 달렸다."

나그네 길

대중가요 중에서 내 애창곡은 〈하숙생〉입니다. 사실 "인생은 나그네 길"이란 표현은 누구나 공감할 것입니다. 성경에서도 나그네와 같은 존재들이라고 말합니다. 나그네는 자신이 살아가는 땅에서 '타향살이를 하는 자' 또는 '낯선 사람'을 의미합니다.

고향이란 무엇입니까? 에른스트 블로흐(Ernst Bloch)는 《희망의 원리》에서 고향은 장소가 아니라 이상향이라고 하였습니다. 물론 혈연관계나 지연으로 고향을 말하기보다는 희망을 좀더 구체적으로 설명하려는 것이었습니다. 이상향이라고 번역된 유토피아는 존재하지 않는 곳을 뜻합니다. 역설적으로 "세상의 지도에 유토피아라는 땅이 그려져 있지 않다면 지도를 들여다볼 가치가 없다"는 말도 있습니다. 희망은 현실의 지도에는 없는 법입니다.

상실과 실향의 삶이 향수를 불러일으키고 타향과 객지에서 고향을 노래 부르게 만드는 법입니다. 이러한 자기 부정이 그리움을 낳습니다. 진정한 그리스도인들은 이 세상에서 나그네들입니다. 그들은 미래를 향해 출발하였습니다.

"비록 공동체 안에 살고 있다 할지라도 수도자는 한 은자로서
자기 실존의 내적 황무지를 개척해야 한다."
– 토머스 머턴(Thomas Merton)

좋았더라

성경은 창세기부터 시작합니다. 천지창조의 기록인 첫 장은 첫날부터 여섯째 날까지, 둘째 날 한 번을 제외하고 마치 후렴구처럼 "보시기에 좋았더라…… 보시기에 좋았더라"를 반복하고 있습니다. 특히 마지막에는 "보시기에 심히 좋았더라"며 그 기쁨이 최고조에 이르렀음을 강조합니다. 돌아보면 하나님께서 창조하신 것은 물질세계 이전에 바로 기쁨이고, 좋음이었습니다.

이런 수학공식이 있습니다. 'good(좋음)'에서 'God(하나님)'을 빼면 무엇이 남을까요?

'good-God=o'

남는 것은 '영(0)'입니다. 아무것도 없습니다. 물론 역산도 가능합니다. 하나님께서는 아무것도 아닌 상태에서 모든 기쁨과 좋음을 창조하셨습니다.

'o+God=good'

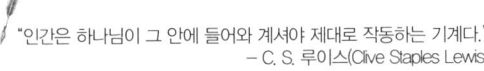

"인간은 하나님이 그 안에 들어와 계셔야 제대로 작동하는 기계다."
— C. S. 루이스(Clive Staples Lewis)

오직 부르심만으로

어느 신문과 인터뷰를 하면서 스스로 놀란 일이 있습니다. 인터뷰가 거의 끝나가는데 내용이 밋밋했던 모양입니다. 뭐 특별한 이슈가 없으니 기자 입장에서도 곤혹스러웠겠지요. 그런 분위기를 눈치챘던지 곁에서 "신 감독님은 아직 집도 한 채 없답니다"라고 했습니다.

결국 기자가 꼬치꼬치 캐묻더니 평생 큰 교회에서 목회했는데 집 한 칸 장만하지 못한 목사가 있다며 그 내용을 커다랗게 기사 제목으로 뽑았습니다. 뉴스거리도 못 되는 이런 일을 토픽으로 삼았으니 내가 놀랄밖에요.

나와 아내에게는 한 채의 집도, 한 칸의 방도 없습니다. 앞으로 어디서 살아야 하나, 염려가 전혀 없지는 않습니다. 은퇴하면 큰돈이 필요 없는 시골로 내려가 새 둥지를 틀어야겠지요. 지금껏 나그네 심정으로 살았듯이 여생 동안 그곳에 잠시 머물면서 새로운 부르심을 기다리겠습니다.

내가 평생 희망을 이야기할 수 있었던 것은 큰 것을 소유했기 때문이 아닙니다. 다만 그분의 부르심 때문입니다.

"신은 주사위를 던진다. 다음번에 무슨 숫자가 나올지 신도 모른다."
— 베르너 하이젠베르크(Werner Heisenberg)

쾰른 성당

독일 라인 강변에 유명한 쾰른 성당이 있습니다. 성당 전면에 높이 치솟은 종탑 두 개는 쾰른시를 대표하는 스카이라인이라고 합니다. 계단을 통해 올라가면서 창밖을 보면 종탑의 맨 꼭대기까지 계속되는 다양한 돌조각이 아름답습니다. 그 정교함이 놀랍습니다. 그 높은 곳에 과연 누가 그토록 정교하게 조각을 했을까요?

무명의 두 조각가가 종탑 꼭대기에서 일했다고 합니다. 둘이 같이 일했지만 한 사람은 부지런히 일하고 한 사람은 틈만 나면 빈둥거렸습니다. 빈둥거리기만 하던 조각가가 열심히 일하는 동료에게 물었습니다.

"저 아래를 내려다보면 사람도 개미만 해 보이는데 그들이 이 높은 곳을 어떻게 쳐다볼 수 있다고 그렇게 정성 들여 조각하는가?"

그러자 동료가 대답했습니다.

"나는 밑에서 누군가 봐주기를 바라지 않네. 내가 열심히 조각한 이 작품을 보아주실 분은 바로 저 위에 계시다네."

"너는 하나님을 보지 않고 다른 곳을 볼 수 있지만 너를 바라보시는 하나님의 눈을 결코 가릴 수 없다."
– 윌리엄 거널(William Gurnall)

유대인과 돈

유대인은 재물을 모으는 일에 천부적입니다. 유대인 사이에 이런 이야기가 있습니다. 어떤 유대인 아이가 아버지에게 물었습니다.

"돈이 뭐예요?"

아버지는 "잘 봐라" 하면서 유리 조각을 집어 창문 앞에 놓았습니다. 아이는 유리를 통해서 길이며 행인이며 마차를 볼 수 있었습니다. 이어서 아버지는 "이제 돈을 잘 봐라" 하더니 "유리 조각 대신 돈을 여기에 놓겠다. 은화 때문에 거리 풍경은 하나도 안 보이고 돈만 보이지"라고 말했답니다.

돈 앞에서 다른 것은 하나도 볼 수 없습니다. 오직 돈만 보입니다. 돈을 모으려거든 돈에 눈이 멀어야 합니다. 그러나 돈 빼고 잃는 것이 너무 많다는 게 바로 치명적인 흠입니다.

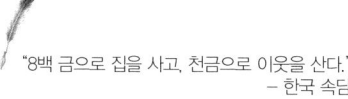

"8백 금으로 집을 사고, 천금으로 이웃을 산다."
— 한국 속담

하나님의 됫박

하나님의 됫박은 참으로 작고 소박합니다. '잃었던 은전 한 닢'이나 '보리떡 다섯 개와 물고기 두 마리' 혹은 '밀가루 서 말'은 사람들의 필요에도 턱없이 모자랍니다. 하나님께서는 아주 작은 것들에 대해서도 특별한 애정을 보이십니다.

예수님께서 비유로 든 '참새 한 마리', '들꽃', '물 한 모금', '어린 아이', '겨자씨 한 알'도 마찬가지입니다. 이러한 예들은 모두 사람의 생명과 구원에 깊이 관련된 것들이기에 더욱 의미 적절합니다.

물질은 상대적이어서 사람들은 항상 남보다 적게 가진 것을 의식하고 늘 필요와 쓸모를 호소하게 마련입니다. 그래서 성경의 비유를 읽노라면 그동안 적게 가진 것을 약점으로 알고 스스로 자신의 가치를 낮추어온 사람들에게 얼마나 큰 위로가 되는지 모릅니다.

성경의 관심은 부자들의 오만한 풍요에 있지 않고 언제나 가난한 사람들의 삶의 자리에 놓여 있습니다.

> "신은 농부들의 호미 끝에, 학생들의 펜 끝에, 광부들의 곡괭이 자루에, 밥 짓는 여인들의 젖은 손에 계심을 기억하라."
> – 테야르 드 샤르댕(Teilhard de Chardin)

가정

사람에게는 누구나 두 가지 가정이 있습니다. 하나는 과거에 속한 가정이고, 다른 하나는 미래에 속한 가정입니다.

과거에 속한 가정은 내가 태어난 가정을 말합니다. 나의 출생은 내 의지와 계획대로 이루어진 것이 아니어서 원하든 원하지 않든 지금의 부모와 형제자매를 만나게 되었습니다. 이를 과거에 속한 가정이라고 할 수 있습니다.

미래에 속한 가정은 내가 스스로 선택한 가정입니다. 전적으로 내 책임과 계획에 따라 만들어진 가정입니다. 그렇기에 내 미래에 속한 가정임에 틀림없습니다.

요즘 젊은이들 중에는 결혼이나 양육 같은 가정생활이 자신의 미래에 불편을 끼친다고 생각하는 듯합니다. 신세대의 사고방식에 따르면 가정이야말로 무거운 짐이 아닐 수 없습니다. 가정은 어느 누구도 예외가 없는 천부적인 공동체입니다. 사람들이 경험하는 가장 큰 행복도, 가장 근원적인 상처도, 그 뿌리는 가정에서 비롯됩니다. 흔히 듣는 '부모 잘못 만난 죄'나 '자식 복 없는 탓'도 알고 보면 모두 사랑의 또 다른 표현입니다.

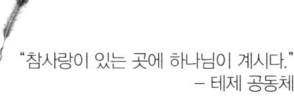

"참사랑이 있는 곳에 하나님이 계시다."
– 테제 공동체

일용할 양식

기도는 신앙인이라면 늘 행하는 일상의 영성입니다. 돈 보스코(Don Bosco)는 "주님께서 우리에게 바라시는 것은 매일 의무를 기쁘게 행하는 것입니다. 우리가 매일 해야 할 바를 성실히 해나갑시다. 일상에 대한 충실, 그보다 더 큰 봉헌은 없습니다"라고 했습니다.

일상의 영성은 일용할 양식과 같습니다. 매일매일의 삶에 충실한 영성, 늘 주님의 은총에 감사하는 영성, 매일 만나는 이웃, 함께 살아가는 사람들에게 충실한 영성입니다.

예수님께서 제자들에게 기도를 가르쳐주실 때 주기도문의 중심에 "오늘 우리에게 일용할 양식을 주시옵고"라고 말씀하신 까닭이 여기에 있습니다. 신앙은 어떤 기적이나 이벤트에 의존하지 않습니다. 날마다 밥을 먹듯이 반복하는 것이고, 물을 마시듯이 순간순간 기뻐하는 것입니다. 한마디로 일상의 삶을 중요하게 여기고 사람의 기본됨을 지키려는 영성입니다.

기도는 우리를 변화시키는 신앙적인 방법입니다. 매일 조금씩 개선하는 것은 우리 각자의 정성에 달려 있습니다.

"기도는 하나님의 즐거움 안에 들어가는 것이다."
– 요한 23세(Joannes XXIII)

교회를 따뜻하게 하는 것들

한국에서 여성적 특징을 지닌 신앙공동체의 심벌에 대해 여성들 사이에 토론이 있었는데 그 내용이 흥미롭습니다. 일찍이 여성 신학자 레티 러셀(Letty Russell)은 교회론을 전개하면서 '교회-따뜻한 집'이라고 하여 공동체 안에 여성적 의미를 담으려고 시도한 적이 있습니다.

한국 교회는 가부장 요소로 가득하고 유교적인 권위주의 풍토가 지배하고 있는 것이 현실입니다. 성직자 중심, 성인 남성 위주의 교회 구조는 남자가 느끼기에도 참 답답합니다.

토론에서는 마루, 색동, 온돌, 바가지, 항아리 등의 주제어가 나왔습니다. '마루'는 여러 방을 연결하며 인간과 인간, 인간과 자연이 어우러지고 소통하는 공간으로 주목받았습니다. '색동'은 다양성과 조화를 강조한 한국 고유 이미지로 아기의 첫돌과 혼인에 사용한다는 점에서 인정받았습니다.

이 이야기를 들으며 우리 주변의 평범한 사물조차 따뜻한 교회 이미지의 훌륭한 단서가 된다는 데 놀랐습니다. 하나님의 집에서 결코 소홀한 지체는 없습니다.

"신앙은 정통성보다 정체성에 관심을 기울여야 한다."

욕심 비우기

이제 감독회장직을 마치면서 은퇴합니다. 모아둔 재산 하나 없으니 은급금(감리교회가 원로 목회자에게 주는 연금)으로 하루하루 하나님만 의지하며 살게 되겠지요. 때로는 이런 말로 허영을 부려봅니다.

'자기 노후를 걱정하고 사사로운 일에만 연연하면 어떻게 목사가 되고 감독회장이 되고자 했겠는가?'

그러나 사람이 욕심이 없다면 거짓입니다. 스스로 마음을 비웠다고 자랑하면 위선입니다. 육신이 약해 빠져드는 이기심, 탐욕, 그리고 특권적 사고들에서 우리가 자유롭기는 결코 쉽지 않습니다. 날마다 새로 태어나는 심정으로 자신을 비우고 하나님 앞에 빈손으로, 맨발로 설 수 있어야 합니다.

"돈지갑이 회개하지 않은 사람은 거듭나지 않은 것이다."
— 존 웨슬리

빈 무덤 십자가

사순절을 맞아 열린 〈세계의 십자가전〉을 관람한 일이 있습니다. 제각기 다 다른 수많은 십자가들 중에 유독 한가운데 구멍이 뚫린 십자가가 있었습니다. 궁금해하던 나는 해설을 들으면서 매우 중요한 사실을 알게 되었습니다.

십자가 한가운데 뚫린 구멍은 십자가 전통에서 유명한 상징으로, 바로 빈 무덤을 의미했습니다. 구멍이 뚫린 십자가는 부활을 의미하는 십자가였던 것입니다.

빈 무덤, 이것은 예수님이 부활하신 생생한 증거로 받아들여졌습니다. 기독교 전통은 빈 무덤을 소중하게 여겼으며, 이를 통해 부활의 진실을 깊이 이해하였습니다. 무덤은 텅 빈 그 자체로 부활의 놀라움을 웅변합니다.

예수님의 구원 사건이 빈 무덤에 있었다면, 빈 지갑일지언정 나의 행복에 구멍이 난 것은 아닙니다.

> "기독교에서 십자가는 종착역으로 신앙의 대상이 되는 것이 아니라 '신 이상의 신'을 믿는 길을 가리키는 손가락으로 신앙의 근거가 된다."
> – 스탠리 하퍼(Stanley Harper)

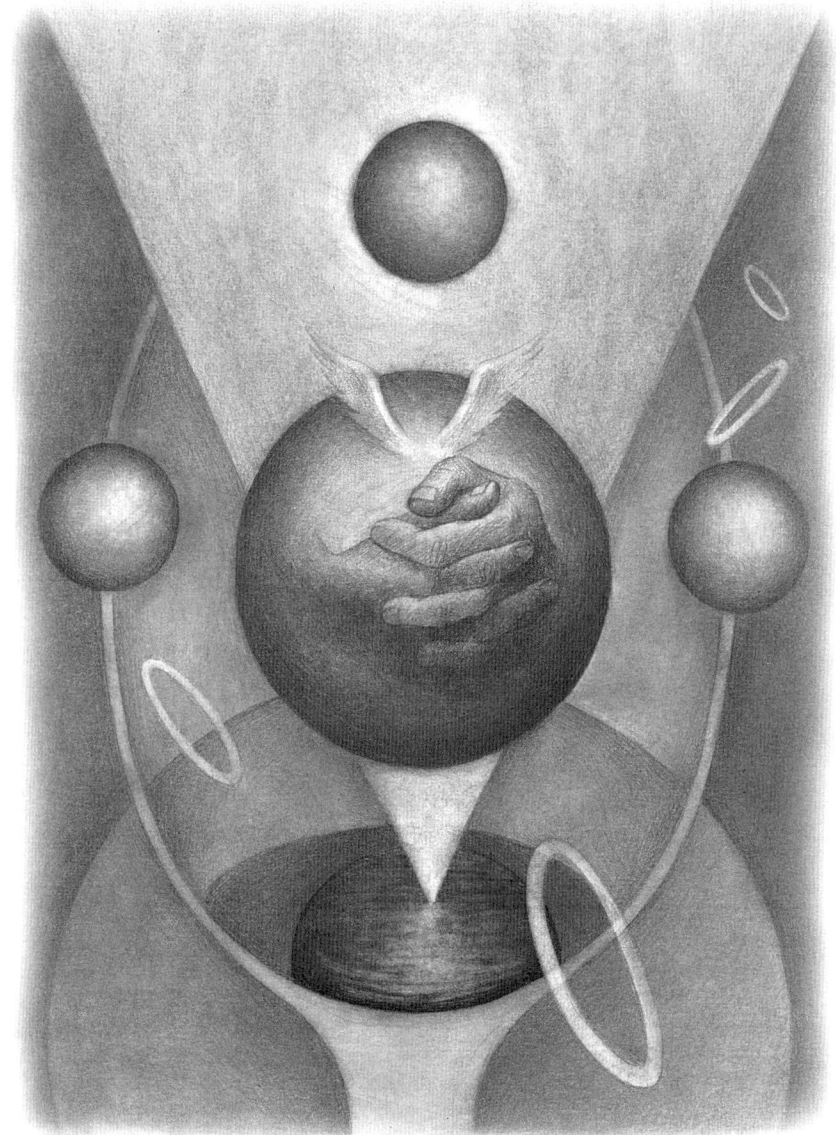

기도하는 생활

세계의 종교들은 예배 대상이나 전통, 경전이 제각기 다르지만 한 가지 공통점이 있습니다. 바로 기도생활입니다. 그러고 보면 인간은 기도하는 존재라고 할 수 있습니다. 온갖 기도하는 행위들, 즉 침묵, 명상, 묵상은 물론 다양한 형태의 기도들과 금욕생활은 모두 기도의 중요성을 강조합니다. 특히 남을 위해 기도하는 중보 행위는 복된 사랑의 실천입니다.

참기도란 무엇일까요? 참기도는 하나님이 주시는 영적인 선물입니다. 우리 생각과 생활 속에 거룩한 하나님의 영역을 두는 것입니다. 그것을 경건이라고 부릅니다.

경건은 우리로 하여금 늘 하나님을 향해 마음을 열게 합니다. 어떤 환경이나 조건 때문이 아니라 언제나 과분함을 느끼는, 감사하는 마음 때문에 더욱 그렇습니다.

"항상 기뻐하십시오. 끊임없이 기도하십시오. 모든 일에 감사하십시오. 이것이 그리스도 예수 안에서 여러분에게 바라시는 하나님의 뜻입니다."
– 《성경》 데살로니가전서 5:16~18

행복의 절대성

예전에는 행복에 대해 말하기를 꺼렸습니다. 행복이란 단어가 마치 드라마의 주제처럼 가볍게 여겨졌기 때문입니다. 그러나 나이가 들면서 행복만큼 좋은 말은 없다는 생각을 합니다. 사람들은 늘 자기 행복을 물으며 존재의 의미를 확인하고 싶어 합니다.

안네 프랑크가 쓴 《안네의 일기》에서 아이는 가족에게 꾸준히 묻고 있습니다. "Am I happy?" 제2차 세계대전 당시 암스테르담의 다락방에 숨어 살던 어린 안네 프랑크에게는 희망이 없었습니다. 그렇지만 절망적인 상황에서도 행복을 느끼려고 했습니다.

행복지수를 측정하면 우리나라 사람들이 전 세계에서도 유난히 낮다고 합니다. 국제가치회의가 평가한 바에 따르면 10년 만에 39퍼센트에서 28퍼센트로 낮아졌습니다. 아마도 행복과 행운을 혼동한 까닭이 아닐까 싶습니다. 늘 남과 비교하여 운이 좋고 나쁨을 따진다면 행복한 사람은 모든 경쟁에서 이긴 유일한 승자일 것입니다.

행복은 상대적인 가치가 아닙니다. 내 안에서 누리는 나만의 절대 가치입니다.

"세상에 즐거움만 있다면 우리는 무엇이 용기인지 무엇이 인내인지 알 수 없을 것이다."
— 헬렌 켈러

안식일이 거룩하다

천지창조의 절정은 창조가 진행된 엿새 동안이 아닌 바로 마지막 하루인 제7일입니다. 성경을 공부하는 사람이면 엿새 동안 이루어진 창조물과 그 순서에 관심을 갖겠지만, 눈썰미가 있는 사람이라면 모든 일을 마치고 쉬신 마지막 하루에 더욱 주목할 것입니다. 하나님은 일곱째 날에 비로소 안식하셨고, 그날을 거룩한 날로 정하고 복을 주셨습니다.

놀라운 것은 하나님께서 공간이 아닌 시간을 축복하셨다는 사실입니다. "휴일은 제3의 눈이다. 이날 제3의 눈으로 세상을 보라"는 말도 있습니다. 노동은 일상생활을 영위하는 당연한 방편이지만, 휴식은 하나님의 초대요, 거룩한 안식입니다.

우리가 맞는 휴일은 거룩한 시간임에 틀림없습니다. 영혼의 깊이를 느끼는 침묵의 시간이고, 생명을 재충전하는 기회의 시간이며, 창조 질서에 응답하는 새날을 잉태하는 시간이기 때문입니다.

"이렛날에 하나님이 창조하시던 모든 일에서 손을 떼고 쉬셨으므로 하나님은 그날을 복되게 하시고 거룩하게 하셨다."
– 《성경》 창세기 2:3

축구부원

초등학교 시절에 학교 축구부원이었습니다. 축구를 좋아했고 또 잘한다는 이야기도 웬만큼 들었습니다. 어릴 적에 강화도에서 자랐는데 그때만 해도 다리가 놓이지 않아 배를 타고 김포로 원정 경기를 다녔습니다. 하루 종일 운동장에서 뛰어다녀도 전혀 힘든 줄 몰랐습니다. 어쩌면 그 시절이 내 생애 최고의 전성기였는지도 모릅니다.

예수님도 축구를 좋아하셨을까요? 이런 이야기가 있습니다. 예수님께서 개신교 어린이 대 가톨릭 어린이의 축구경기를 보셨답니다. 팽팽하던 두 팀 사이에서 선취골을 획득한 것은 가톨릭 팀이었습니다. 예수님께서는 몹시 기뻐하며 모자를 하늘로 날렸습니다. 조금 후 이번에는 개신교 팀에서 한 골을 만회하였습니다. 예수님은 똑같이 기뻐하며 모자를 높이 던졌습니다.

물끄러미 지켜보던 어떤 사람이 "당신은 어느 편이오?" 하고 물었습니다. 예수님께서 대답하셨습니다. "나는 누구 편도 아닙니다. 그저 경기를 즐기고 있습니다." 질문했던 사람은 그 말을 듣고 "흥, 무신론자로군!" 했답니다. 요즘 세태를 반영한 이야기입니다.

"하나만 아는 자는 아무것도 모르는 자다."
— F. M. 뮐러(Friedrich Max Müller)

4
비전을 세우는 1분

크로노스, 카이로스

헬라어로 시간개념은 크게 두 가지로 나뉩니다. 하나는 '크로노스(Chronos)'의 시간으로 시간의 연속적인 흐름을 뜻합니다. 흔히 시계가 말해주는 시간 그 자체라고 볼 수 있습니다. 크로노스의 시간은 시침이 똑딱똑딱하는 사이에 흘러버려 그것이 쌓이고 쌓여 역사가 됩니다.

또 다른 의미의 시간은 '카이로스(Kairos)'입니다. 크로노스와 달리 사건과 기회, 혹은 위기로 이해되는 시간입니다. 예기치 못하는 시간의 역류와 같습니다.

어떤 의미의 시간이든 시간은 참으로 소중합니다. 그러나 시간을 저축할 수는 없습니다. 시간상의 현실은 복구가 불가능합니다. 시간의 파산은 재생 가능성이 없습니다.

흔히 '시간은 금'이라고 하지만 어림없는 말입니다. 시간은 물질 가치와 비교할 수 없습니다. 시간은 다시 돌아오지 않기 때문입니다. 그래서 시간은 매 순간이 심판입니다. 시간 앞에서 짐짓 여유를 부릴 새가 없습니다.

"삶은 두루마리 화장지와 같아서 끝으로 갈수록 더욱 빨리 사라진다."
— 페페 신부

함석헌의 꿈

함석헌 선생은 일제강점기에 그리스도인 청년 몇몇과 역사를 공부하면서 《뜻으로 본 한국역사》를 정리하였습니다. 그는 우리 민족을 가리켜 '수난의 여왕'이라고 별명을 붙였습니다. 그리고 이렇게 묻습니다.

"우리 민족은 왜 이스라엘의 예언처럼 초월적인 꿈이 없는가? 왜 비전 창조에 실패했는가?"

그러면서 고난의 민족인 우리를 향하신 하나님의 뜻이 무엇인지 끊임없이 질문하고 있습니다. 그들이 기록한 역사에는 벅찬 꿈이 담겨 있었습니다. 비록 좌절과 고난의 역사이지만 늘 희망의 미래를 응시하고 있기 때문입니다. 과거 영광에 집착하는 사람은 오늘의 현실을 부정적으로 바라봅니다. 지금 닥친 상황에 주저앉는 사람은 미래의 결실을 염두에 두지 않습니다. 헬렌 켈러는 이렇게 말합니다.

"볼 수 있으면서도 비전이 없다면? 그것은 끔찍한 일이다."

꿈은 눈을 뜬 사람만이 아닌, 보지 못하는 사람도 꿀 수 있는 역동적인 희망입니다. 지금 우리는 어떤 꿈을 꾸고 있습니까? 어떤 비전을 창조해나가려고 합니까? 생각만 해도 가슴이 펄펄 뛰는 꿈을 가지십시오.

"기독교에는 국경이 없으나 그리스도인에게는 조국이 있다."
— 우치무라 간조

낙타

어느 날 아기 낙타가 엄마에게 물었습니다.
"엄마, 나는 왜 큰 발톱이 세 개야?"
"아가야, 그건 우리가 사막을 걸을 때 모래 속으로 발이 빠지지 않도록 하기 위해서란다."
아기 낙타가 다시 물었습니다.
"엄마, 그럼 긴 눈썹은 왜 있어?"
"아가야, 긴 속눈썹은 우리가 사막을 여행할 때 뜨거운 햇빛에서 눈을 보호해준단다."
아기 낙타가 또 물었습니다.
"엄마, 그럼 등에 큰 혹은 왜 있는 거야?"
"아가야, 우리가 사막을 오래 여행할 때 섭취할 양분을 그곳에 저장해놓는단다."
아기 낙타가 잠시 생각하다가 말했습니다.
"그런데 우린 왜 동물원에 있어?"
좋은 조건을 갖추고도 동물원에 갇혀 사는 사람들이 많습니다.

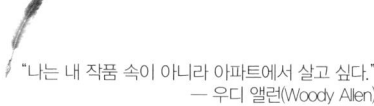

"나는 내 작품 속이 아니라 아파트에서 살고 싶다."
— 우디 앨런(Woody Allen)

동서남북 길 찾기

캄보디아 구호기관에서 일하던 사람의 이야기입니다.

트럭을 몰고 시골 동네를 찾아다니던 그는 이정표도 없고 번지수도 없는 길 때문에 고생했습니다. 그는 도중에 사람들에게 길을 물었습니다. 그런데 사람들은 예외 없이 동서남북을 기준으로 방향을 가리켜주었습니다. 그때마다 다시 물어야 했습니다.

"남쪽이 어딘데요?"

캄보디아 사람들은 으레 해가 하늘 어디쯤 떠 있는지 보고 나서 동서남북을 가늠한다고 합니다. 처음에는 몹시 불편했는데 동서남북에 익숙해지니 더 편하더랍니다.

우리는 자동차 방향을 가리킬 때 왼쪽과 오른쪽을 따집니다. 왼쪽, 오른쪽은 내가 선 자리에 따라 늘 바뀌게 마련입니다. 상대적입니다. 그러나 동서남북은 내가 선 자리와 상관없이 늘 일정합니다. 절대적인 까닭입니다.

내 판단에 따른 기쁨은 수시로 바뀝니다. 삶이 변덕스럽기 때문입니다. 우리가 지금 어디에 있는지, 어디로 가야 할지 모를 때 캄보디아 사람들이 태양을 바라보듯이 마음을 하나님께로 향한다면 결코 길을 잃지 않을 것입니다.

"인간은 하나님께 방향 지워진 존재다."
– 칼 라너(J. Karl Lanner)

엄마형 리더

최근 '엄마형 리더'가 각광을 받는다고 합니다.

남성적 성향을 띠는 리더를 '상어형 리더', 여성적 성향을 띠는 리더를 '돌고래형 리더'라고 규정합니다. 함께 행동하기보다는 홀로 공격하고 쟁취하는 상어가 남성적 리더십이라면, 뛰어난 커뮤니케이션 능력을 갖고 높은 친화력과 소통 능력으로 정보를 함께 나누는 돌고래는 여성형 리더십의 상징입니다.

여성형 리더십의 특징은 꼼꼼함과 유연성, 서비스 정신이 바탕을 이룹니다. 미래의 조직에서 필요한 것은 직원을 칼날처럼 짓누르거나 예리하게 재단하는 불굴의 남성적 기업가 정신이 아니라, 엄마처럼 세심하게 보살피는 배려의 정신입니다. 친절하고 따뜻한 감성을 지닌 '엄마형 리더'야말로 조직을 유연하게 만들고 직원들에게 책임감을 심어준다고 합니다.

희망의 청지기는 섬기고 봉사함으로써 감동을 주고, 말이 아닌 행동을 통해 희망을 경험하게 합니다.

"영성은 생명력, 리더십은 영향력이다."

희랍인 조르바

감동적으로 읽은 책에 대한 질문을 받으면 언제나 신학생 시절에 읽은 《희랍인 조르바》를 꼽습니다. 화제작이며 동시에 문제작이었던 이 책이 당시 신학생들에게 인기가 있었던 까닭은 두 차례에 걸쳐 노벨문학상 후보로 지명된 거장의 작품이기도 하거니와, 작가가 쓴 소설들이 하나같이 그리스정교회와 로마교황청에서 노여움을 산 탓도 있습니다.

나는 조르바가 지닌 뜨거운 심장을 얻고 싶었습니다. 그의 거친 육감 속에 감추어진 어린아이 같은 놀람과 환희를 배우고 싶었습니다. 조르바는 감동이 없는 진리는 무의미하며, 뜨겁지 않은 사랑은 거짓일 뿐임을 가르쳐주었습니다. 그런 점에서 《희랍인 조르바》는 순종 대신 저항을 꿈꾸고, 현실 대신 희망을 노래하던 모든 젊음의 비방이었습니다.

평생 나의 관심사는 인간이었고 인간에 대한 구원이었습니다. 진리에 대한 목마름이었고 순명에 대한 비전이었습니다.

돌아보면 조르바는 내게 사람에 대한 진지함을 일깨워준 인생의 대선배였습니다.

> "고통과 격정에 헌신하지 못한 사람은 죽을 수도 없다.
> 죽는다는 것은 마지막 헌신이기 때문이다."
> – 루이제 린저(Luise Rinser)

명품 인생

일흔 살을 바라보면서야 비로소 어려서는 시간이 기어가고, 젊어서는 걸어가고, 늙어서는 뛰어간다는 말이 실감 납니다.

세월이 흐를수록 지내온 시간이 얼마나 아쉬운지 모릅니다. 그런 만큼 나이 든 사람일수록 시간에 대한 애착이 큽니다. 아쉬운 인생이기에 자기 삶의 질에 관심이 커집니다. '인생 이모작'이나 '더블 라이프' 등은 인생을 더욱 값지게 살고 싶은 사람들의 공통된 지향입니다.

흔히 웰빙에 대해 이야기합니다만 새로운 삶의 방식은 나이 들어서가 아니라 지금 당장 시도해야 합니다. 그것을 4S로 요약할 수 있습니다.

첫째는 심플 라이프(Simple life), 둘째는 스몰 라이프(Small life), 셋째는 스마일 라이프(Smile life), 그리고 마지막은 스피리추얼 라이프(Spiritual life)입니다.

누구나 명품 인생이기 때문입니다.

"오늘은 내 생애의 남은 날들 가운데 첫날이다."

유대인의 역사교육

이스라엘 국민에게 애국심을 가르치는 정신교육장은 크게 세 곳입니다. 예루살렘 신시가지에 있는 야드바솀, 구시가지의 옛 성전터인 통곡의 벽, 그리고 사해에 인접한 요새 마사다입니다.

정신교육장에서는 외국인 관광객들보다 더 많은 이스라엘 군인과 청소년 들이 진지한 모습으로 현장교육에 참여하고 있었습니다. 군인들은 겨우 열여덟 살을 넘었을까. 총을 메었다기보다는 총에 끌려 다니는 듯한 모습이지만 심각하게 토론하고 있었습니다.

둥근 모자인 키파를 쓴 어린이들이 교사를 중심으로 반원을 그리고 앉아 설명에 귀를 기울이는 모습도 남다르게 느껴졌습니다.

이런 교육이 처음은 아닐 텐데 어쩌면 그렇게 진지할까 싶었습니다. 민족의 고난 앞에서 매번 한결같을 수 있는 까닭은 고난을 통해 하나님의 뜻을 발견해온 유대인의 저력 때문일 것이라는 결론을 스스로 내려봅니다. 그들은 외칩니다.

"용서하되 잊지는 말자!"

그들에게 고난의 역사는 살아 있는 교과서였습니다.

> "진보를 위해서는 항상 위급한 상황이 필요하다. 램프를 만들어낸 것은 어둠이고, 나침반을 만들어낸 것은 안개이며, 탐험을 만든 것은 배고픔이다. 일의 진정한 가치를 깨닫기 위해서는 의기소침한 나날들이 필요하다."
> – 빅토르 위고(Victor Hugo)

희망을 노래하는 사람

나는 희망을 노래하는 사람입니다. 언제 어디서나 희망을 소리 높여 부릅니다. "희망을 주는 감리교회", "희망 프로젝트" 등 우리 슬로건과 이슈도 모두 희망과 관련이 있습니다. 내가 감독회장으로서 맡은 일은 희망을 전염시키는 일입니다.

희망은 미래를 맞이하는 능력이라고 믿습니다. 오늘을 넘어 보이지 않는 미래를 응시하기 때문입니다. 우리의 신앙은 약속에 바탕을 두었기 때문에 희망이라는 에너지로 가득합니다.

요즘 사람들은 저마다 인생역전을 꿈꿉니다. 그러나 희망은 넝쿨째 굴러 들어오는 완성품이 아닙니다. 오히려 우리 마음 밭에 뿌려지는 한 알의 씨앗입니다.

흔히 작은 복은 자신에게 달렸고 큰 복은 하늘에 달렸다고 말합니다. 희망을 노래할수록 구체적인 현실 앞에서 최선을 다해야 합니다.

"이제부터 일어날 일을 알지 못하기에 정녕 인생은 즐거운 것이다."
-《탈무드》

맏잇맏

누구든 좋은 기억보다는 나쁜 기억을 오랫동안 간직하게 마련입니다.

한 해를 마무리하면서 "이제 마지막이다"라는 말도 많이 했을 것입니다. 그런데 마지막은 끝을 의미하지 않습니다. 마지막은 '맏잇맏'에서 온 말로, '맏'은 흔히 큰아이를 '맏이'라고 부르듯이 '처음'이란 뜻을 담고 있습니다. '맏'이 결합하여 만들어진 '마지막'은 처음에서 처음으로 이어준다는 의미입니다.

우리가 마지막을 끝이 아니라 새로운 시작으로 받아들인다면 희망이 있습니다. 다시 시작할 엄두를 내게 만들기 때문입니다. '맏잇맏'은 우리에게 다시 하나님께 돌아갈 믿음을 줍니다. 때로 하나님을 등진 사람이라도 마지막을 의식하는 순간에 다시 하나 님을 향하게 되기 때문입니다.

마지막이 아닙니다. 다시 시작해보십시오.

> "하나님께서 말씀하신다. 마지막 날에 나는 내 영을 모든 사람에게 부어주겠다.
> 너희 아들들과 너희 딸들은 예언을 하고, 너희 젊은이들은 환상을 보고,
> 너희 늙은이들은 꿈을 꿀 것이다."
> – 《성경》 사도행전 2:7

시간의 영원성

고속도로 휴게소나 빌딩의 화장실에 가보면 작은 액자에 짧은 잠언 형식의 글귀들이 적혀 있습니다. 그중 하나를 소개하겠습니다. "평생 동안 할 일이라 생각하면 어렵고 지겹게 느껴지는 것도 하루만 하라면 쉽고 재미있다. 슬프고 괴로워도 오늘 하루만이라 생각하면 견딜 수 있다. 백 년도 하루의 쌓임이요, 천 년도 오늘의 다음 날이니 하루를 살 듯 천 년을 살면 어떨까?"

누가 한 말인지 모르지만 이런 어록들이 사람들의 마음에 와 닿나 봅니다. 명구와 어록을 보면 유독 시간에 대한 언급이 많습니다. 우리가 좌우할 수도, 지배할 수도 없는 영역이기 때문에 그럴 것입니다. 어제의 진리가 오늘은 거짓으로 변하고, 지금 유용한 이론이 내일 어떻게 바뀔지 모릅니다. 이런 세태를 살아가는 사람들에게 불변의 가치를 주장하는 것은 더 이상 의미가 없어 보입니다. 성공주의자들의 비결은 변화이고, 현실주의자들의 방법은 적응 그 자체입니다. 그러나 더 깊은 눈으로 보면 변화가 아니라 불변이 세상을 주관합니다. 시간이 세상을 주관하는 것이 아니라 영원이 세상을 주관하고 있습니다.

"우리 인생에서 가장 큰 영광은 한 번도 실패하지 않는 것이 아니라 넘어질 때마다 다시 일어서는 것이다."
– 골드 스미드(Gold Smith)

인생의 작전타임

어느 시계 공장에 도둑이 들어 수만 달러어치의 시계를 훔쳐 도망갔습니다. 그런데 경찰 보고에 따르면 새벽에 현장을 발견한 직원이 너무 마음이 급한 나머지 '시계'가 아니라 '시간'을 훔쳐 갔다고 도난 신고를 하였습니다.

시계보다도 시간을 도둑맞는 것은 훨씬 타격이 큽니다. 시계는 찾을 수 있을지 몰라도 시간은 돌려받지 못하기 때문입니다.

육십대 후반에 접어들면서 시간의 빠른 속도를 절감하고 있습니다. 남은 시간이 택시의 미터기 같아서 타고 있는 사람의 사정은 상관없이 계속 요금이 올라가 버리니 야속합니다.

종종 우리 인생에도 작전타임이 있으면 좋겠다는 생각이 듭니다. 특히 타임아웃 시점이 가까워지면서 작전타임이 절실해지는 것은 누구에게나 마찬가지입니다. 금쪽같은 시간이 어느새 감쪽같이 흘러가 버렸습니다.

"사람에게는 생체시계가 있다. 나이가 들수록 시계가 늦게 가기 때문에 시간이 빨리 흐르는 느낌을 받는다."
– BBS

목사 안수

해마다 봄이 오면 새로운 목사들이 탄생합니다. 선배로서 젊은 목사들에게 이렇게 권면합니다.

"여러 가지 형편에 처하더라도 늘 낮은 자로 겸손하게 처신하십시오. 늘 정정당당하고 신뢰를 주는 인물이 되십시오. 편법은 쉽고 매력적이지만 결코 편법이나 요령에 연연하지 마십시오. 요령에 급급한 사람은 평생 그런 목회만 한다는 것을 이미 선배들이 경험했습니다. 힘들 때마다 예수님을 바라보십시오. 그분을 닮아가는 일, 배우는 일, 그분처럼 사는 일은 어렵지만 우리는 사랑할 수 있습니다. 우리 천성으로는 어렵지만 하나님이 주시는 은혜로 가능합니다."

돌아보면 목사로 살아가는 일은 참 짐스럽습니다. 목사라는 직책은 언제나 희생을 강요합니다. 목사가 모두 성공하지는 않습니다. 성취보다 좌절을 더 많이 겪을지도 모릅니다. 그렇지만 목사는 가장 예수님을 사랑하는 사람입니다. 그 사랑 덕분에 목사직을 감당할 수 있습니다.

"한 명의 자원자가 열 명의 징용자보다 낫다."
- 아프리카 속담

저기를 묻는 사람

어떤 시인이 늙은이와 젊은이라는 낱말의 뜻을 이렇게 풀이하였습니다. 늙은이는 '늘 그곳에 머무르는 사람'이고 젊은이는 '저기를 묻는 사람'이라는 것입니다. 흔히 말하는 6학년 8반이니, 이팔청춘이니 하는 생물학적 나이로 노인과 청년을 구분하지 않았습니다.

젊은이라도 늘 제자리 타령이나 하면서 사는 사람은 이미 늙게 사는 것이고, 몸은 노인일지라도 늘 희망과 꿈을 가지고 살면 젊은이나 다름없습니다.

청년은 늘 '저기'를 묻는 사람입니다. 미래를 보고, 비전을 품고, 꿈은 이루어진다고 노래하는 사람입니다. 기성세대는 늘 따지고 판단하면서도 정작 주저하기 일쑤이지만, 젊은 세대는 비전과 미래를 보고 그 꿈을 이루기 위해 먼저 덤벼듭니다.

사회든 교회든 기성세대와 신세대가 어우러지고 조화를 이루어야 건강합니다. 청년을 존중하지 않는 사회는 꿈이 없습니다. 젊은이가 없는 교회는 희망이 없습니다. 다음 세대에 대한 투자는 푸른 사회로, 푸른 교회로 만들어나가는 일입니다.

> "만일 모세가 이집트 왕자라는 지위의 논리에 따랐다면 단지 위대한 왕자일 뿐 모세가 되지는 못했을 것이다."
> – 프랑수아 미테랑(François Mitterrand)

산상설교의 정치학

프란츠 알트(Franz Alt)는 《산상설교의 정치학》에서 산상설교의 말씀이 어떻게 오늘날에도 가능한지를 이야기하고 있습니다. 어떻게 예수님의 말씀이 현실 정치와 세계 상황에서 가능할지 조명한 것입니다. 그리고 자타가 공인하는 대표적인 그리스도인 정치인들에게 산상설교의 말씀에 따라 정치하는지를 묻고 그 적용을 따졌습니다.

복음은 이론이 아닌 생활입니다. 산상설교는 논리가 아닌 적용의 문제입니다. 그리스도인은 산상설교에 따라 살아갈 방법을 모색할 수 있어야 합니다.

《산상설교의 정치학》이라는 기준에 따라 오늘의 우리 한국 정치와 그리스도인 정치인들에게 묻는다면 어떤 결과가 나올까 자문해 봅니다. 그리스도인은 평화를 웅변하도록, 평화를 실천하도록 부름을 받은 존재입니다.

"이분법은 가장 손쉬운 악마다. 이러한 양가치 논리는 악마의 상징이다."
— 볼프강 파울리(Wolfgang Pauli)

시간의 넓이와 깊이

사람에게 시간은 귀중합니다. 다시 돌아오지 않기 때문입니다. 시간은 저축할 수 없습니다. 은행에서 현찰이나 수표는 받아도 시간은 받지 않습니다. 시간은 자손에게 물려줄 수도 없습니다. 아무리 돈이 많아도 시간을 살 수 있는 백화점은 없습니다.

시간이 가는 속도가 빠르다고 느끼는 사람은 이제 인생을 알기 시작한 사람입니다. 시간이 몹시 귀중하다고 생각하는 사람은 인생의 가치를 터득한 사람이라고 말할 수 있습니다. 삶의 길이는 하나님 마음대로이지만 그 넓이와 깊이는 내가 힘쓴 대로입니다. 18세기 미국의 감리교 복음전도자 조지 화이트필드(George Whitefield)는 이렇게 외쳤습니다.

"녹이 슬어서 없어지느니 차라리 닳아서 없어지는 편이 더 낫다."

그는 불꽃같은 삶을 살았습니다.

"시간이란 크고 작은 사건들이 있기에 존재하고 잴 수 있다."
— 알베르트 아인슈타인(Albert Einstein)

일자 돌림

강화도는 기독교 초기 전래지입니다. 1890년대 말, 홍의마을에서 서당을 하던 박능일이란 이가 있었습니다. 그는 처음 예수님을 믿고 마을의 교인들과 함께 강력한 신앙적 결단으로 이름을 바꾸기로 했습니다. 성은 그대로 쓰고, 끝 글자는 '그리스도 안에서 한 형제가 되었다', '한날한시에 믿었다'는 의미로 '한 일(一)' 자를 돌림자로 삼았습니다. 그러니 다들 가운데 글자만 정하면 되었습니다.

그들은 기독교 신앙을 요약한 낱말들, 즉 사랑 애(愛), 공경 경(敬), 믿을 신(信), 능할 능(能), 은혜 은(恩), 하늘 천(天), 거룩할 성(聖) 등을 적은 종이들을 바구니에 넣고는 기도를 하고 한 사람씩 뽑았습니다. 김씨가 '경' 자를 뽑으면 '김경일', 박씨가 '신' 자를 뽑으면 '박신일', 최씨가 '천' 자를 뽑으면 '최천일'이 되었습니다.

홍의마을 교인들은 모두 '일' 자 돌림의 형제지간이 되었습니다. 이러한 개명운동은 강화도 초대교인들이 벌인 기독교 신앙의 토착화라고 볼 수 있습니다. 신앙을 택하는 것은 삶의 바탕을 재구성하는 일입니다.

"부흥이란 하나님의 사람들이 성결해져 거룩한 삶의 에너지가 사회적 의를 이루며 교회가 선한 영향력을 미치는 통로가 됨을 의미한다."
— 니키 킴벌(Nikki Kimball)

청지기의 삶

오늘날 교회에 닥친 위기는 거룩함의 형식만 유지할 뿐, 그 거룩함에 대한 경외심을 잃어간다는 데 있습니다. 교회의 타락은 하나님의 것을 자기 자신의 것으로 생각하는 위험천만한 발상 때문입니다.

우리는 하늘에 계신 하나님의 이름을 거룩하게 하는 대신에 우리 자신이 담임목사와 당회장이라는 이름으로, 회장 혹은 장로라는 이름으로 그 거룩함을 차지하고 있습니다. 하나님의 나라가 임하기를 간구하는 대신에 내 임기와 내 영광과 내 욕심의 실현을 위해 하나님의 나라를 거부하고 있습니다. 뜻이 하늘에서 이룬 것 같이 땅에서 이루어지기를 바라기보다 내가 주인이 된 이 체제가 계속 유지되기를 바랍니다.

청지기는 주인의 재산과 사람을 관리하는 존재입니다. 당연한 말이지만 희망의 청지기에게는 권리 주장보다 의무가 더욱 소중합니다. 희망의 청지기는 주인의 은총으로 사는 사람이며, 그 은총은 전적으로 하나님의 선물이기 때문입니다.

"네가 문제 해결에 참여하지 않으면 네가 문제의 일부가 되고 말 것이다."
– 스콧 펙(Scott Peck)

신국정치

칼뱅(Jean Calvin)은 스위스 제네바에서 신국정치를 펼친 것으로 유명합니다. 그의 종교개혁은 매우 강제적이고 억압적이었습니다. 당시 제네바 시위원회는 열두 장로를 뽑았습니다. 그들은 칼 뱅과 함께 종교 법원에서 일주일에 한 번씩 모여 공중질서를 감독하는 일을 담당하였습니다.

그들은 목회적 권면뿐만 아니라 법적 처벌을 통해 여러 가지 범죄를 다스렸습니다. 싸움, 중상모략, 금전사기, 절도, 취기, 호화로운 복장, 오락, 춤은 물론이고 교회 질서에 대한 반란, 거짓 가르침, 신성모독 등도 다루었습니다.

위법을 저지르는 사람은 누구나 성만찬에서 제외되었고 처벌을 받았습니다. 칼뱅의 종교개혁은 철저했기 때문에 새로워지지 않는 사람은 결코 이 신앙공동체에 속할 수가 없었습니다. 그들이 추구한 것은 신국이요, 성도였습니다. 물론 현실은 거리가 멀어 개혁은 결국 실험으로 만족해야 했습니다.

성도는 거룩한 무리라는 뜻입니다. 그리스도인에게 신앙생활이란 거룩한 사람이 되어 거룩한 질서에 참여하는 것입니다.

"성경의 무게는 경건의 무게로 적당하다."
– 칼 바르트

가장 큰 영성

영성에 대한 관심이 많습니다. 사람들이 강남과 명동을 탈출하여 자기만의 인도와 히말라야를 찾아 나섭니다. 지하철 입구를 서성이는 도인들은 "당신은 도에 얼마나 관심이 있습니까?"라고 묻습니다.

현대인들은 마음의 건강, 몸의 건강을 위해 자기 수련을 원합니다. 소원한다고 모두 이루어지지는 않습니다. 포기해야 할 것들이 많기 때문입니다. 자기 비움은 영적 수련의 시작이며 동시에 완성입니다.

기독교 신앙에서는 기도를 통해 영적 성숙을 추구합니다. 물론 자기를 덜어내는 것으로 만족하지 않습니다. 자신을 비운 그 자리에 하나님의 은혜를 채워넣습니다.

예수님께서 자신을 겸허하게 비우고 순종하셨을 때 거기에 구원의 신비가 임하였습니다. 기독교 영성은 바로 '예수님을 닮는 일'입니다.

> "온갖 좋은 것과 함께 있을 때 '지옥'을 경험한다.
> 다 버리고 홀로 있을 때 하나님과 동행한다."
> – 파스칼

새끼 꼬기

어떤 부자가 섣달 그믐날에 종들에게 볏짚 한 단씩을 나누어 주며 새끼를 꼬라고 했답니다. 그런데 새끼를 꼬되 새끼손가락보다 가늘게 꼬라고 했습니다. 종들은 섣달 그믐날 밤에 일을 시키는 주인에 대해 투덜댔습니다.

화가 난 어떤 종은 새끼를 꼬다 말고 뒹굴었고, 또 다른 종은 손가락보다 몇 배나 두껍게 꼬아 볏짚을 재빨리 소화했습니다. 한 충성스러운 종만이 아무런 불평도 없이 가늘고 보기 좋게 꼬았습니다.

새해 아침, 주인은 커다란 주머니를 들고 나와 이렇게 말했습니다. "모두 들어라. 작년 한 해 동안 나를 위해서 너무나 수고가 많았다. 이제 너희가 꼰 새끼에 엽전을 마음껏 끼워서 가져가거라. 돈은 얼마든지 있으니 실컷 끼워 가도록 해라."

주인의 말을 들은 종들은 당황했습니다. 단 한 사람을 제외하고는 누구도 자신이 꼰 새끼에 돈을 끼워 갈 수 없었기 때문입니다. 연말이면 이런 이야기가 더욱 실감이 나는 것은 나 자신이 신실하기가 어렵기 때문입니다.

> "이 세상에서 신실한 이들의 무지와 양심적인 이들의 우둔함보다 더 위대한 것은 없다."
> – 마틴 루터 킹(Martin Luther King, Jr)

시간 관리자

어제라는 이름의 사람이 내일이라는 사람을 찾아와 다음과 같이 충고했습니다.

"나도 그대처럼 청년 시절에는 무슨 일에나 큰 보람을 느꼈고 희망도 있었습니다. 그런데 한 차례 꿈을 꾸는 동안 혼자 뒤에 남겨지게 되었습니다. 내가 깨어났을 때 이름이 바뀌어 오늘이 되어 있었습니다. 나는 놀라서 달리기 시작했지요. 하지만 그날도 금세 저물고 다시 이름이 바뀌어 어제가 되었습니다. 하고 싶은 일은 미처 반도 못했는데 말입니다. 당신은 아직 젊습니다. 그러나 한차례 꿈을 꾸고 나면 이름이 바뀌게 됩니다. 만약 무슨 일이 하고 싶다면 바로 지금 이 순간에 모든 준비를 마쳐야 합니다. 당신도 머지 않아 오늘이 되고 어제가 될 테니 말입니다."

가장 이윤이 많이 남는 장사가 있다면 당연히 시간 장사일 것입니다. 그런데 수요와 공급이 정확하게 일치하는 시간 거래에서 이익과 손해는 설 자리가 없습니다.

내게 속한 시간의 물 항아리에서 그것을 덜어내는 됫박을 관리하는 사람은 나 자신입니다.

"내게 남아 있는 날들 중에서 지금이 가장 젊은 날이라네."
— 카토(Marcus Porcius Cato)

희망의 내일

19세기보다 20세기가 얼마나 살기 좋아졌는지는 굳이 설명할 필요도 없습니다. 교통의 단축, 생활의 기계화, 사회구조의 많은 변화는 우리를 즐겁고 편안한 삶으로 이끌어주었습니다.

그래서 과거를 잊어버리고 오늘에 만족하다가 내일을 잃어버립니다. 오늘에 미치고 오늘에 취하여 사는 인생은 오늘이 내일을 위해 있음을 모릅니다. 내일이 없는 오늘은 마지막입니다. 희망의 내일을 설계하지 못한 현재는 의미가 없습니다. 우리 인생은 더 이상 아무것도 아니며 불쌍한 존재로 전락합니다.

인간의 삶이 귀하고 뜻있고 보람 있는 것은 내일을 향하고 있기 때문입니다. 내일에 희망을 두기 때문입니다. 신앙은 희망을 향해 내딛는 걸음입니다. 오늘 취한 현실주의에서 어서 깨어나야 합니다.

"진실은 지체하는 자를 싫어한다."
— 세네카

쇄신하라

스티븐 코비(Steven Covey)의 아들 숀 코비(Sean Covey)가 쓴 《성공하는 10대들의 7가지 습관》이란 책이 있습니다. 숀 코비는 십대들을 위해 쓴 책에서 이렇게 말합니다.

"수많은 도전 앞에 선 십대들이여, 그대들은 나침반이 필요하다. 여기 일곱 가지 습관을 몸에 배게 해라. 그러면 반드시 성공할 것이다."

일곱 가지 습관 중에 맨 마지막은 "끊임없이 쇄신하라. 규칙적으로 자신을 새롭게 하라"입니다. 한마디로 변해야 산다는 것입니다. 사도 바울은 이렇게 말합니다.

"너희는 이 세대를 본받지 말고 오직 마음을 새롭게 함으로 변화를 받아, 하나님의 선하시고 기뻐하시고 온전하신 뜻이 무엇인지 분별하도록 하라."

우리는 예수님께서 사랑을 말씀하셨고 사랑을 위해 고난받으셨음을 잘 알고 있습니다. 그러나 사실을 아는 것보다 더욱 중요한 게 있습니다. 알기 때문에 달라지는 것입니다. 쇄신이란 열매가 없는 말씀은 '쇠귀의 경'일 뿐입니다.

"가장 좋은 것은 앞에 있다."
– 로버트 브라우닝(Robert Browning)

네팔 부부 선교사

네팔인 부부가 선교사로 인준을 받았습니다.

1999년 돈을 벌기 위해 한국에 온 키르나싱구룽은 공장에서 일하다가 다리를 다쳤습니다. 네팔에서 괜찮은 직업을 가졌던 그는 자신이 고통을 겪으면서 비로소 외국인 노동자들의 아픔과 어려운 형편을 깨닫게 되었습니다. 그러던 중 교회의 도움을 받았고, 마침내 자신의 운명을 바꾸어 신학교에 다니게 되었습니다. 아내 미나타망도 남편과 마찬가지로 돈을 버는 사람이 아니라 복음을 나누는 사람이 되었습니다.

2005년 '희망네팔'이라는 기관을 설립한 네팔인 부부는 2009년부터 네팔의 장애인, 고아, 문맹자를 위한 선교를 펼칠 계획을 세우고 있습니다.

하나님께서 하시는 일에 자주 놀랍니다. 선교를 위해 사람을 부르시는 하나님의 계획을 믿기 때문입니다.

"다양한 문화들이 복음의 빛으로 새롭고 완전하게 될 때
유일한 기독교 신앙의 참된 표현들이 될 수 있다."
– 요한 바오로 2세(Johannes Paulus II)

샬롬

유대교 랍비들은 '샬롬', 곧 평화를 하나님의 이름이라고 불렀습니다. 존 브로더스(John Broadus)는 "세상에서 화평케 하는 일보다 하나님을 닮은 것은 없다"고 하였습니다.

예언자들은 '하나님을 아는 지식이 차고 넘치며', '하나님의 이름을 부르며 살아갈 때' 참평화가 이루어진다고 말합니다.

모슬렘 교도는 "앗살람 알레이쿰"이라고 인사합니다. 가장 일반적인 평화의 인사말입니다. 우리가 아침마다 "안녕(安寧)"을 묻는 일도 따지고 보면 '평화 의례'입니다. 샬롬은 단지 문제가 없는 상태라는 소극적 의미가 아닙니다. 평화는 하나님의 선물입니다.

복음은 평화의 옷을 입고 있습니다. 예수님은 산상설교에서 "평화를 이루는 사람은 복이 있다. 하나님이 그들을 자녀라고 부르실 것이다"라고 말씀하십니다. 한 인간의 평안(平安)과 우리 사회의 평강(平康)과 온 세계의 평화(平和)가 그분에게서 비롯됩니다.

"온갖 적들이 몰려와도 당신의 날개 아래에서 나는 자유롭습니다. 땅이여, 움직여 요동하라. 나는 여기에 서서 지극한 평온으로 노래하리라. 내가 고난을 받아야 할지라도 비참함과 곤궁과 십자가와 불안과 죽음이 나를 예수에게서 떼어내지 못하리라."
— 바흐(Johann Sebastian Bach)의 〈예수, 나의 기쁨〉 중에서

약자의 평화

흔히 평화는 힘이 센 사람이나 배부름에 의해 이루어진다고 생각합니다. 그러나 역사를 돌이켜보면 강자가 저지른 전쟁이 끝났다고 평화가 오지는 않았습니다. 힘에 의한 평화는 모래 위에 지은 집처럼 또 다른 강한 힘이 나타날 때 위태롭고 불안하기 짝이 없습니다.

평화는 힘의 산물이 아닙니다. 오히려 위세를 부리는 강자보다 고난을 겪는 약자들에 의해 평화가 모색됨을 자주 볼 수 있습니다. 어떤 이들은 물질적 풍요만이 인간의 고통과 억압을 해소한다고 믿습니다. 그들은 가난하면 범죄 가능성이 높고 반사회적이 되며 따라서 평화와 거리가 멀다고 생각합니다.

평화는 빵의 크기에 좌우되지 않습니다. 굶주리신 예수님을 빵으로 유혹하여 굴복시키려 했던 악마는 지금도 힘과 빵의 유혹으로 우리의 평화를 흔들고 있습니다.

그러나 불안해할 것은 없습니다. 주위를 둘러보면 여전히 평화를 위해 일하는 복 있는 사람들이 우리 곁에 많기 때문입니다.

"하나님, 우리를 신앙 속에서 지켜주옵소서."
— 디트리히 본회퍼(Dietrich Bonhoeffer)

하나님의 이름을 부르는 일

성경에 따르면 히브리인들은 이름에 인격과 본질이 담겨 있다고 생각했습니다. 하나님의 이름을 소리 내어 부르면서 하나님이 몸소 거기에 계심을 믿었습니다. 이것이 '셰키나(Shekhina) 사상'입니다.

예루살렘 성전의 별명은 '하나님 이름의 거처'입니다. 사람들이 하나님의 이름을 부르며 기도드릴 때 거기에서 하나님을 만날 수 있다고 믿었기 때문입니다. 하나님의 이름을 부르는 일은 우리가 하나님께 다가서는 길이 됩니다.

예수님은 제자들의 요청에 따라 주기도문을 가르쳐주시면서 맨 먼저 하나님을 아버지라고 부르라고 요구하셨습니다. 하나님과의 특별한 관계에 참여시키기 위함입니다.

하나님의 이름이 거룩하게 된다는 것은 무엇입니까? 바로 하나님의 거룩하심이 나 자신과 이 세상에서 회복된다는 뜻입니다.

> "그러므로 너희는 이렇게 기도하여라.
> '하늘에 계신 우리 아버지, 이름을 거룩하게 하시오며……'"
> – 《성경》 마태복음 69

결단하는 어려움

어떤 자동차를 타느냐에 따라 사람의 신분을 따지는 세상입니다. 그래서 너도나도 분수에 넘치는 차를 구입하고, 자동차로 사람의 품격을 재단하는 버릇이 생겼습니다.

감독회장의 자리에 오르면서 관행처럼 '에쿠스'라는 자동차를 타고 다녔습니다. 어쩌면 사람들은 검정색 관용차가 감독회장의 권위를 상징한다고 느꼈을지도 모릅니다. 나 또한 처음에는 별 생각 없이 당연하게 여겼습니다.

그러다가 자주 지방 행사에 다니게 되고, 가난하게 사는 목회자들을 접하면서 큰 자동차가 짐스럽고 부끄럽게 여겨졌습니다. 그래서 차량을 바꾸자고 제안하였습니다. 반대하는 의견도 많았습니다. 결국 배기량이 낮은 차로 교체하고 색상도 회색으로 바꾸었습니다.

타고 다니는 자동차 하나 바꾸는 일에도 커다란 결단이 요구되었습니다. 그러니 나 자신을 변화시키는 일은 얼마나 불편한 일일까 실감하게 됩니다.

"상식은 두 지점 사이를 잇는 가장 짧은 거리다."
– 에머슨(Ralph Waldo Emerson)

의로운 사람 요셉

예수님의 부모인 요셉과 마리아는 구원의 길을 예비한 당사자들입니다. 그래서 아기 예수님과 함께 '성가족'으로 불려왔습니다. 아기를 안고 있는 어머니 마리아의 모습이나 목공소에서 아들과 함께 일하는 아버지 요셉의 모습은 성가족을 주제로 한 유명한 성화들입니다. 아버지 요셉은 그림 속에서도 매우 분주합니다. 그는 마구간 구석에서 밥을 짓고 있거나 여러 손님들이 방문했을 때 문간을 지키고 서 있습니다.

아버지 요셉은 매우 실제적인 역할을 한 인물입니다. 그런데도 성경을 주의 깊게 살펴보면 요셉은 행동할 뿐, 한 마디 말도 하지 않습니다. 그는 매우 구체적인 현실 가운데서 묵묵히 부르심에 순종하였습니다. 요셉의 충직한 삶, 그것은 아버지로서 의무감을 뛰어넘어 시대를 밝히려는 의인의 사명이었습니다.

"중요한 것은 '특별한 일'보다 '당연한 일'을 잘하는 것이다.
'특별한 일'을 잘하는 것은 재주이지만 '당연한 일'을 잘하는 것은 신실함이다."

메토디스트

외국에서는 감리교인을 '메토디스트(Methodist)'라고 부릅니다. '규칙쟁이'라는 뜻의 일반명사인 '메토디스트'가 자랑스러운 고유명사가 된 것입니다. 우리나라에서 활동하는 침례교 목사인 스카렛 브레더는 이런 말을 했습니다.

"감리교인은 형식적인 원칙주의자도, 단순한 규칙쟁이도 아닙니다. 바로 성령께서 이끄시는 새로운 방법을 사모하는 사람입니다."

첫 메토디스트는 존 웨슬리입니다. 산업혁명이 진행된 18세기 영국은 매우 혼란스러웠습니다. 봉건 질서와 근대 질서가 대립하였고, 비약적인 생산력의 향상은 오히려 더 많은 빈민을 거리로 내몰았습니다. 이러한 때에 인간의 구원과 사회개혁을 동시에 모색한 신앙공동체가 바로 존 웨슬리의 감리교 운동이었습니다.

존 웨슬리는 어린 시절 화재에서 살아남았다고 하여 '타다 만 불쏘시개'라는 별명을 얻었습니다. 그래서인지 평생 뜨거운 가슴으로 살았습니다. 그리스도인이 부름을 받는 곳은 바로 내가 선 자리입니다.

> "나는 메토디스트라고 불리는 사람들이 미국이나 유럽에서 사라지는 것을 두려워하지 않는다. 그들이 단지 능력 없는 종교의 형체만을 갖고 있는 죽은 단체로 남아 있지 않을까 염려한다."
> – 존 웨슬리

성서적 올바름

'정치적 올바름'이란 개념이 있습니다. '정치적 올바름'에 동의하는 사람은 도덕 교과서의 교훈이나 공적으로 정해진 규범에 언제나 동의합니다. 그렇다고 교훈과 규범을 반드시 지키는 것은 아닙니다.

예를 들어 겉으로는 반인종주의 태도를 보이지만 속으로는 인종차별적인 태도를 갖습니다. 이처럼 이성으로는 동의하지만 심정으로는 안 되는 태도를 흔히 '정치적 올바름'이라고 부릅니다.

이를 신앙생활에 빗대어보면 사람들은 '성서적 올바름'을 지닙니다. 그들은 예수님의 말씀을 진리로 받아들입니다. 그러나 인종주의에 대한 이중적인 태도처럼 '말씀에 대한 믿음'과 '말씀에 따른 행함'이 서로 일치하지 않습니다.

그리하여 '성서적 올바름'을 지닌 사람은 평화를 위해 일하라는 예수님의 말씀을 인정하고 믿지만 평화를 위해 일하지는 않습니다. 경우에 따라서 하나님의 정의와 자신의 이해관계가 충돌하기 때문입니다. 우리는 이중, 삼중, 다중적인 태도에서 벗어나야 합니다.

> "당신이 불의한 상황에서 중립을 지킨다면 억압자의 편을 들고 있는 것이다. 만약 코끼리가 생쥐의 꼬리를 밟고 있는데 당신이 중립을 지킨다고 말한다면 생쥐는 당신의 중립성을 진짜로 여기지 않을 것이다."
> – 데스몬드 투투(Desmond Tutu)

예수는 없다

얼마 전에 《예수는 없다》라는 책이 인기를 끈 적이 있습니다. 긍정적으로 보자면 인습적으로 믿는 예수님에 대한 그릇된 상을 극복하고 예수님 바로보기를 시도한 것입니다.

다른 한편으로는 그리스도인들과의 진지한 대화 없이 사회를 향해 변죽만 울린 꼴이 되고 말았다는 비판도 가능합니다. 어쩌면 작은 성공과 함께 더 많은 실패를 불러왔다고 할 수 있습니다. 예수님을 비판하다가 오히려 예수님에 대한 믿음을 상실한다면 얼마나 어리석은 결과입니까?

종종 언론은 특정 의도를 가지고 기독교에 접근합니다. 마치 황색잡지 같은 방식으로 예수님 특집을 다루는 꼴입니다.

예수님에 대한 믿음, 사상, 꿈, 고뇌, 사랑은 성경을 통해 잘 드러납니다. 신문기사처럼 역사적으로 꼼꼼하게 복원하려는 노력은 과욕에 가깝습니다. 믿음은 차원이 다릅니다. 그 과정은 초월적이고 신비로운 영적 세계로 확대됩니다. 그리고 관계를 이루어갑니다. 관계의 주인공은 예수님과 바로 당신입니다.

> "예수의 찬미자가 되는 것은 예수의 추종자가 되는 것보다 훨씬 쉽다."
> – 쇠렌 키르케고르

엠마오로 가는 두 제자

　네덜란드 화가 렘브란트는 〈엠마오(Emaos)의 저녁식사〉라는 그림을 두 점이나 그렸습니다. 엠마오는 부활하신 예수님이 두 제자와 함께 걸어갔던 곳입니다. 그곳은 인생의 의미를 잃고 과거로 되돌아가던 두 제자에게 목적지였으나 반환점이 된 곳입니다.
　두 작품은 빛의 화가 렘브란트답게 빛과 어두움을 극명하게 대비시키고 있습니다. 부활하신 예수님은 밤의 어두움뿐만 아니라 마음의 어두움을 물리치는 빛의 존재였습니다. 예수님을 알아본다는 사실은 내 안의 어둠을 물리치는 경험입니다.
　〈엠마오의 저녁식사〉가 말하려는 것은 절망했던 두 제자의 눈이 열리게 되는 진실입니다. 신의 영역은 인간의 눈으로는 원칙적으로 접근할 수 없는 영광의 영역이지만 부활하신 예수님께서는 당신의 사람들에게 공간적인 거리를 두지 않았습니다.
　부활하신 예수님을 내 마음에, 내 삶에, 내 희망으로 모시는 일은 참으로 복된 사건입니다.

"나는 걸을 때만 명상에 잠긴다. 걸음을 멈추면 생각은 멈춘다."
— 장자크 루소

누구나 모세가 될 수 있다

《네트워크》란 영화가 있습니다. 현대 미국 사회를 날카롭게 해부한 문제작으로 아카데미상 네 개 부문을 휩쓸었습니다.

한밤중에 잠을 자고 있는 주인공에게 이상한 음성이 들립니다. 그 음성은 주인공을 향해 "내가 너를 택하였으니 사람들에게 나가서 진리를 말하라"고 전합니다. 주인공이 "나는 아무것도 모릅니다. 어째서 하필 진리를 전하는 데 나를 택했습니까?"라고 변명하니, 그 음성은 "이 바보야, 네가 텔레비전 뉴스 앵커이기 때문에 너를 택한 것이다"라고 하였습니다.

이 대화는 하나님께서 모세를 택하셨을 때의 장면을 현대판으로 패러디한 것입니다. 이집트 파라오와 히브리 백성들에게뿐만 아니라, 오늘날 잘못된 사회와 무너지는 인간관계 속에 뛰어들어 진리를 말할 해방자 모세는 따로 있지 않으며 누구나 그렇게 되어야 한다고 이 영화는 주장합니다.

시청률이 떨어졌다는 이유로 두 주의 여유를 두고 파면됐던 하워드 빌은 음성의 명령에 순종하여 카메라 앞에서 외치기 시작하였습니다.

"세상이 미쳐가고 있습니다. 여러분은 모든 일이 귀찮아 혼자 내버려두기를 바랍니다. 그러지 말고 실컷 화를 내봅시다. 자! 지금 바로 일어서서 창문을 활짝 열고 고함을 지르십시오. '나는 인간이다!

나는 화가 나 죽겠다. 나는 더 이상 못 참겠다!' 하고 외치십시오."

많은 사람들이 빌의 말에 따라 한밤중에 창문을 열고 공중을 향해 고함을 질러댔습니다. 그 함성들이 세상을 바꾸리라는 것은 분명한 귀결입니다.

"운명은 행동력이 약한 자를 위한 변명의 도구다."
― 힐티(Carl Hilty)

출가 아닌 가출

라파엘로(Sanzio Raffaello)의 작품 〈성가족〉을 보면 목수의 작업장에서 일하는 아버지와 단란한 가족을 주제로 하고 있습니다.

성경에 따르면 예수님은 서른 살쯤 집을 나섰습니다. 흔히 성인의 가출을 출가라고 한다지만 젊은 예수님의 경우에는 분명히 가출처럼 보입니다. 가족들이 그를 붙들기 위해 나섰기 때문입니다. 가족과 직업을 두고 집을 나오다니 보통 사람들의 눈으로는 이해가 되지 않습니다.

자식은 부모의 뜻대로만 움직이지 않는 모양입니다. "자식 이기는 부모 없다"고 자식의 고집과 의지를 꺾지 못하는 부모의 심정은 예나 지금이나 마찬가지입니다. 예수님이 목수 일을 버리고 방랑 설교자로 나선 것은 기성세대에게 못마땅한 일이었습니다. 기존 체제는 새로운 삶과 이상으로 모인 어중이떠중이 공동체를 위험스럽게 지켜보았습니다.

여우와 제비보다 딱한 처지를 자처한 그분의 선택이 오늘의 구원을 이루었습니다.

"교사는 자신을 하나의 다리로 사용하는 사람이다. 그는 그 다리 위로 학생들을 초대해 건너도록 한다. 아이들이 건너간 다음에는 즐거운 마음으로 무너진다. 제자들에게 그들의 다리를 만들게 하고서."
– 니코스 카잔차키스

하나님을 향하는 관점

우리는 날마다 새날을 맞습니다. 새날은 누구에게나 주어지는 기회입니다. 흔히 과거란 부도수표고, 미래란 약속어음이며, 오늘만이 현찰이라고 말합니다. 돈을 벌려면 돈을 투자해야 하듯이 내일을 얻고자 한다면 오늘을 투자해야 합니다.

사람들이 이루는 꿈의 크기나 가능성, 결실은 그가 지닌 관점에 따라 판가름이 납니다. 관점이란 눈의 방향을 의미합니다. 식물은 아래쪽 뿌리에 머리가 있습니다. 따라서 좋은 땅을 만나야 합니다. 동물의 머리는 수평으로 앞을 볼 수 있어야 합니다. 그러나 사람의 머리는 위를 향합니다.

희망은 하나님을 향합니다. 믿음이란 하나님 앞에서 "예" 하고 대답하는 것입니다.

"새의 눈을 가진 민족은 흥하고 벌레의 눈을 가진 민족은 망한다."
– 서양 속담

새로운 출발선

왜 명절과 기념일은 반복되어 찾아올까 하는 생각을 해보았습니다. 아마도 새해가 되풀이되는 까닭은 새로워지라는 까닭이요, 생일이 반복되는 이유는 잊고 산 은혜를 생각하라는 의미 같습니다. 해마다 크리스마스가 찾아오는 것은 잃었던 기쁨을 회복하라는 뜻일 듯합니다.

시간의 신비는 나 자신을 새롭게 하는 데 있습니다. 돌아보면 새로움은 우리가 늘 모색해온 것이기 때문에 낯설지 않습니다. 미래의 도화지에 꿈과 소망을 그려온 사람은 새로움이 오히려 친밀하기까지 합니다.

우리는 무엇을 기념할 때마다 꿈을 꾸고 결심을 합니다. 시간의 마디와 매듭에서 새로운 삶을 다짐하는 것은 다시 출발선을 그리는 일입니다.

"인생은 '생일부터 오늘까지'다. 내가 부르심을 받는 그날(김지). 그날 역시 '오늘'일 것이다."

신앙의 길

쉽게 종교를 선택하고 또 쉽게 포기하는 사람들이 늘어갑니다. 신앙생활은 결코 관광객의 여정이 아닙니다. 관광객은 아침에 일어나서 구경하고 저녁에 숙소로 돌아오는 일을 반복합니다. 그러나 신앙인은 길을 떠나 몸과 마음을 닦는 순례자와 같습니다. 오늘, 그리고 또 오늘을 반복하지만 날마다 내가 얼마나 더 전진했는지를 살핍니다. 그것은 신앙의 성장이요, 성숙을 따지는 것입니다. 물론 신앙의 길에는 숱한 장애가 있습니다. 산을 오르는 사람일수록 가벼운 여장이 필요한 것과 마찬가지 이치입니다. 심지어 순례자에게는 눈썹도 떼놓고 싶을 만큼 짐이 된다고 합니다. 신앙인에게는 잘못된 습관, 오락, 욕망, 그리고 때로는 인간관계마저 장애가 됩니다. 많이 포기하고, 전환하고, 단절해야 할 아픔이 존재합니다. 신앙의 길은 평생 살면서 사랑하는 걸음입니다.

"여행이 수고라면 순례는 시련이다. 여행은 누구에게나 육체적으로 힘든 과정이지만 순례는 영적인 도전이기도 하다."

모펫 선교사

한국 초대교회에 모펫(Samuel Austin Moffet)이란 선교사가 있었습니다. 모펫은 평양신학교의 설립자요, 교장이었습니다. 1898년 모펫은 다음과 같이 말했습니다.

"우리 앞에 놓인 가장 중요한 단계의 하나는 지금까지 지도자로서 훈련해온 한국인 지도자들에게 한국 교회의 치리와 관리를 점차적으로 현명하게 이양하는 일이다."

그의 소신은 많은 반대에 부딪혔지만 일관되게 추진되었습니다. 한국 교회가 성장한 배경에는 서양 선교사의 그늘에서 일찍 자립하도록 도운 지도력 양성이 있었습니다.

미래를 내다보고 준비하지 않은 채 그날그날 만족을 위해 산다면 올바른 지도자가 아닙니다. 통찰력은 헤아리지 못하던 것까지 예비할 줄 아는 혜안을 뜻합니다.

"고래를 잡으려는 목표를 세운 사람은 상어를 잡을 수 있지만, 고등어를 잡겠다는 사람은 새우 한 마리도 잡기 어렵다."
– 필립 브룩스(Philip Brooks)

5
열매를 맺는 1분

시간 관리법

바쁜 사람일수록 '초시간법'과 같이 시간을 잘게 쪼개어 쓰는 시간 관리법에 관심이 많습니다. 그러나 우선순위와 가치판단 등 효율성을 강조하는 제3세대 시간 관리법은 오히려 사람을 시간에 얽매이게 하고 부자유하게 만들었다는 지적을 받습니다. 그래서 스티븐 코비는 시간이 아닌 우리 자신을 관리해야 한다고 제안합니다.

독일 소설가 미하엘 엔데(Michael Ende)는 어른을 위한 동화 《모모》에서 시간 도둑인 회색 사나이들이 훔쳐 간 시간을 인간들에게 되찾아주는 모모라는 꼬마 소녀에 대해 이야기합니다.

회색 사나이들은 사람들에게 불요불급한 시간을 절약하여 '시간 저축은행'에 적립해두었다가 노년에 찾아 쓰라고 유혹합니다. 유혹에 넘어간 사람들은 시간을 아껴서 돈을 벌려고 발버둥치지만 오히려 시간의 노예가 되었고, 여유를 잃은 삭막한 인생을 살아갑니다.

시간 관리는 테크닉의 문제가 아닙니다. 시간 관리는 사랑의 관계 속에서 이루어지는 성숙함입니다.

> "시간을 아끼는 사람은 일기를 쓰고, 사람 관계를 소중히 여기는 사람은 편지를 쓰고, 하나님께 소망을 둔 사람은 기도를 한다."

무엇을 담을까

아파트에 사는 요즘은 장독을 구경하기가 쉽지 않습니다. 집집마다 있던 그 많은 장독들이 다 어디로 갔는지 궁금합니다.

가마에서 옹기를 구워내는 과정을 본 일이 있습니다. 여러 공정을 거쳐 만들어진 옹기들을 마침내 불가마에서 꺼내면서 한두 개씩 선택하여 깨뜨려봅니다. 잘 구워졌는지 여부를 가리기 위해서입니다. 항아리 하나도 대충 만들어지는 법이 없습니다.

옹기를 구워내는 과정은 인간의 삶과 흡사합니다. 옹기장이의 의도대로 빚어지고, 불가마에 연단되고, 평생 제 용도대로 사용되는 이치가 다를 바 없습니다. 무엇보다 공통된 특징은 깨지기 쉽다는 것입니다. 인간은 누구나 질그릇과 같이 연약한 존재입니다.

인간의 참다운 특성은 힘이 아니라 연약함에 있습니다. 자신의 그릇에 무엇을 담아내느냐 그것이 문제입니다.

> "우리는 질그릇된 일을 염려할 게 아니라 보화 담을 일에 힘쓸 것이다."
> – 김교신

씨앗만 팝니다

"콩 심은 데 콩 나고, 팥 심은 데 팥 난다"는 것은 만고의 진리입니다. 또 많이 심으면 많이 나고 적게 심으면 적게 거두는 것이 인류의 경험입니다. 그러나 우리는 주변에서 씨를 뿌리기도 전에 열매부터 기대하는 허망한 사람들을 많이 봅니다.

한 여인이 꿈을 꾸었습니다. 여인은 새로 문을 연 가게에 들어갔는데 놀랍게도 가게 주인이 자신이 믿는 신이었습니다. 신이 무엇을 원하느냐고 물었습니다. "당신이 원하는 것은 무엇이든 다 있다"고 신은 말했습니다. 여인은 너무 기뻐 외쳤습니다.

"제게 행복과 부유함, 아름다움과 지혜를 주세요." 그러자 신은 조용히 웃으며 대답하였습니다.

"미안하네. 여기서는 열매를 팔지 않고 다만 씨앗을 팔 뿐이네." 모든 열매는 씨앗으로부터 시작됩니다. 그런데 사람들은 씨앗에 별로 관심을 두지 않습니다. 씨앗은 조그맣고 주름겼으며 씨눈은 작고 보잘것없어 보이기 때문입니다. 하지만 씨앗 속에는 생명이 있습니다. 환경과 조건이 주어질 때 언제든 자라날 것입니다.

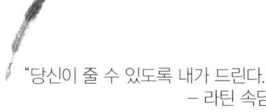
"당신이 줄 수 있도록 내가 드린다."
– 라틴 속담

무탄트

말로 모건(Marlo Morgan)이 쓴 실화 소설《무탄트(Mutant)》에 생일 축하 이야기가 나옵니다. 호주 원주민들이 생일을 축하하는 이유는 나이가 들어서가 아니라고 합니다. 나이를 먹는 데는 어떤 노력도 필요하지 않기 때문에 축하할 일이 못 된다는 말이지요.

다만 더 나아지는 것을 축하합니다. 지난해보다 올해에 더 훌륭하고 현명한 사람이 되었으면 하는 바람으로 축하하는 것입니다.

그렇습니다. 인생은 '늙어가는' 것이 아니라 '익어가는' 것입니다. 열매가 무르익어 향기를 내듯이 원숙함은 은근히 자랑할 만합니다. 나이가 든다고 해서 저절로 삶이 아름다워지지는 않습니다. 진실한 젊은이가 진실한 원로가 되는 법입니다. 그런 노인은 존재만으로도 인생의 교훈이요, 귀감입니다.

> "백발이 성성한 어른이 들어오면 일어서고, 나이 든 어른을 보면 공경하여라. 너희의 하나님을 두려워하여라. 나는 주다."
> – 《성경》 레위기 19:32

칼 융

세계적인 정신분석학자 칼 융이 죽기 2년 전에 영국의 BBC 방송과 인터뷰를 했습니다. 사회자가 칼 융에게 신을 믿느냐는 질문을 던졌습니다. 수백만 명의 시청자가 그 대답을 궁금해하며 융의 입을 주목했습니다. 융은 천천히 대답했습니다.

"나는 신을 압니다."

오스트리아 개신교 목사의 아들로 태어난 융은 비록 교회와 거리를 유지하고 살았지만 평생 그 나름의 방식으로 자신 안에 겹겹이 감추어진, 그 자신의 표현에 따르자면 '위대한 위험'인 신의 언저리에 접근한 셈입니다. 무의식이라는 자아, 그림자, 원형을 벗겨내고 자아를 찾으려는 노력 속에서 칼 융은 신의 존재를 인식했습니다.

자서전 《융의 생애와 사상》 뒤표지를 보면 그의 집 현관문에 대해 소개하고 있습니다. 현관문 위에 쓰인 글이 그의 신앙을 대변합니다.

"하나님을 부르든 그러지 않든 간에 하나님은 거기 계시다."

"믿음은 분명함과 희미함을 구별한다. 분명히 믿는 것은 내 것이지만, 희미하게 믿는 것은 남의 것이다. 그 결과는 엄청나다."

시대의 자식

흔히 좋은 자녀를 가장 큰 선물이라고들 하지만 사실상 좋은 부모야말로 인생에서 가장 큰 선물입니다. 자식의 입장에서 보면 좋은 부모를 둔 것만큼 부러운 일이 어디 있겠습니까?

자식은 부모의 모습을 빼닮기 때문에 자식입니다. 개인의 특징을 구별하는 방법으로 생태정보대상이란 항목이 있습니다. DNA, 지문, 성문, 얼굴, 홍채, 망막, 정맥(손등의 혈관 모양), 손금, 귀 모양, 혀 모양 등이 바로 그것입니다. 자식이 부모를 닮았다면 생체정보대상의 많은 부분을 공유한다는 의미입니다.

훌륭한 부모는 자식을 자신의 닮은꼴로 두지 않고 시대의 자식으로 삼습니다. 부모의 품을 떠난 자식이 이미 사회공동체의 일원이듯이 모든 부모의 자식들은 시대를 극복하려는 시대의 삶을 살기 때문입니다.

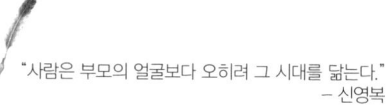
"사람은 부모의 얼굴보다 오히려 그 시대를 닮는다."
- 신영복

멀리 보기

사람들은 다사다난(多事多難)을 되뇌이며 한 해를 보내고 새해를 맞습니다. 돌아보면 우여곡절이 많았지만 사실은 해마다 되풀이되는 일입니다.

안타깝게도 우리 한국인들은 희망에 익숙하지 않습니다. 몇 해 전 갤럽이 조사 발표한 바에 따르면 조사 대상 62개 국가들 중 한국인들이 경제 문제에 대해 두 번째로 비관적인 태도를 보였습니다. 그래서인지 세상을 보는 사람들의 눈이 대체로 어둡습니다. 언론도 희망보다는 부정적인 면을 부각시키고 있어 가뜩이나 처진 어깨가 더욱 움츠러듭니다.

우리는 그때그때 문제에 부딪칠 때마다 언제나 '코앞의 일'에만 머물러 시시비비를 가리고 진통을 겪었습니다. 코앞에 닥친 현실은 결코 희망을 주지 못합니다. 조금 더 멀리 역사의 흐름을 읽어야 안목이 생깁니다. 그런 지혜가 필요한 때입니다.

"보여줄 수 있는 사랑은 아주 작다.
그 뒤에 숨어 있는 보이지 않는 위대한 힘에 견주어보면."
— 칼릴 지브란(Kahlil Gibran)

대림절 맞이

　교회력에서 대림절(Advent)은 한 해의 출발을 알리는 명절입니다. 대림절은 성탄절 네 주 전의 주일부터 시작되는데 대개 11월 말에서 12월 초입니다. 서양에서는 이미 이때부터 성탄절이 시작됩니다.
　대림절은 곧 도착하는 손님을 기다린다는 뜻입니다. 공항이나 기차역에 손님을 마중 나가본 경험이 있는 사람은 그 느낌을 잘 알 수 있습니다. 오래 기다려온 사람일수록 설렘과 초조함, 그리고 반가움으로 가슴이 벅차오릅니다. 대림절에 맞춰 우리는 자신을 정리하고 빚을 청산하며 새해 결심을 한 달 앞서서 미리 실천하기도 합니다.
　작심삼일이라지만 실패도 여러 번 겪어야 성공적인 결과를 낳을 수 있습니다. 새해를 희망의 선물로 준비하는 일, 그것이 진정한 성탄 맞이입니다.

"오늘날 인간 세계에서 가장 무서운 절망은 삶의 가치를 상실하는 것이다."
– 빅터 프랭클(Viktor E. Frankl)

인생의 우선순위

무슨 일을 하든지 우선순위가 있습니다. 아무리 마음이 급해도 우선순위는 존재합니다. 때를 놓치면 후회할 일이기 때문입니다.

사람들이 손꼽은 우선순위는 첫째로 치과에 가는 일, 둘째로 노부모님을 찾아뵙는 일, 셋째로 빚 갚는 일, 넷째로 회개하는 일, 그리고 다섯째로 사랑하는 이에게 복음을 전하는 일이라고 합니다.

먼저 할 일과 나중에 할 일이 있다는 것은 너무나 평범한 진리입니다. 예를 들어 공부하는 학생이 외국어를 익히려면 문법, 발음, 원리 등 기초를 잘 훈련해야 합니다. 농사짓는 사람이 씨를 뿌리려면 먼저 밭을 갈아야 합니다. 먼 곳으로 자동차 여행을 떠날 사람은 엔진오일을 확인하고 타이어를 점검해야 합니다.

인생에서 우선순위가 필요한 까닭은 세상을 두 번 사는 것이 아니라 단 한 번 살기 때문입니다. 연필 끝에 달린 지우개는 실수를 지우기 위함입니다. 그러나 농부는 연습 삼아 농사를 짓지는 않습니다. 우선순위를 정하는 일, 당신의 행복한 삶과 직결되어 있습니다.

"평생을 사는 동안에 우리가 누구이며 우리의 영원한 본질이 무엇인지를 발견하는 데 우리가 실제로 소비하는 시간은 너무나 적다."
— 말로 모건

희망 씨앗

옛말에 "농사꾼은 죽어도 종자를 베고 죽는다"는 말이 있습니다. 그만큼 농부에게 씨앗은 목숨처럼 소중합니다. 하지만 농부가 뿌린 씨앗마다 다 열매를 거두기는 어렵습니다. 많은 수고들이 헛되이 낭비되어도 농부들은 높은 수확을 기대하면서 한알 한알 정성껏 씨앗을 뿌립니다.

예나 지금이나 농부들이 뿌리는 씨앗은 변질의 위험으로 가득합니다. 만약 수확에 대한 희망이 없다면 농부는 결코 씨앗을 뿌리지 않을 것입니다.

씨앗 뿌리기는 희망을 심는 일과 같습니다. 희망을 품은 사람은 농부에게서 배워야 합니다. 어떤 씨앗을 뿌릴 계획이십니까? 희망의 씨앗, 기쁨의 씨앗, 사랑의 씨앗, 섬김의 씨앗, 화해의 씨앗, 평화의 씨앗 등 온갖 좋은 씨앗들을 좋은 땅에 뿌리십시오. 그리고 여러분의 밭을 기름지게 가꿔나가기 바랍니다.

"자기보존은 자연의 첫째 법칙이요, 자기희생은 사랑의 으뜸 법칙이다."

빈자리 헌신

과거 동유럽의 공산주의 국가들은 전통적인 교회 세력과 긴장 관계를 유지했습니다. 권력은 일상생활을 지배했지만 인간의 종교 심리와 무의식까지 통제할 수는 없었습니다.

헝가리 교회도 예외는 아니었습니다. 공산당은 교회를 향해 양로원이나 운영하라고 주문하였습니다. 시간이 흐르면서 모든 교회는 텅 비고 교인들은 흩어졌습니다. 부다페스트 시내 한복판에 있는 돔 교회 역시 같은 상황이었습니다.

그런데 한 여성이 토요일마다 교회를 방문해 1층과 2층의 의자들을 모두 물걸레로 닦았습니다. 자식을 낳고 10년, 20년이 지나도록 그 일을 계속하였습니다. 어려서부터 엄마의 손에 이끌려 함께 오던 아이가 다 자라 어머니에게 물었습니다.

"어머니, 교인도 몇 사람 안 되는데 두 줄만 닦으면 될 것을 왜 모든 의자를 다 닦으세요?"

어머니는 아이에게 교회가 교인들로 다시 꽉 차게 될 미래를 설명해주었습니다.

진정한 믿음은 행여 당장 눈에 보이지 않더라도 지금 빈자리의 주인을 위해 헌신하는 것입니다.

"마음은 찢어질 때 비로소 최선의 것이 된다."
– 리처드 베이커(Richard Baker)

명상과 묵상

기도는 우리로 하여금 하나님을 향하게 합니다. 기도의 주체는 내가 아니라 하나님이시며 기도의 주어 역시 내가 아닌 하나님입니다.

기도의 방식으로 흔히 명상과 묵상의 차이가 무엇이냐고 묻습니다. 한마디로 명상은 덜어내는 기도 방식이고, 묵상은 채우는 기도 방식입니다.

그렇다면 무엇을 덜어내고, 무엇을 채울까요? 명상은 자기 자신을 비워냅니다. 모든 잡념, 욕망, 분노를 덜어내어 텅 빈 상태로만 들어가는 것입니다. 반면에 묵상은 가득 채우는 과정입니다. 하나님의 은혜와 사랑과 평화로 자신을 채워나갑니다.

기도는 믿음의 길을 열고 평화의 자리를 확장하며 희망의 문으로 들어가는 통로입니다.

"참된 기도, 총체적 기도란 사랑 바로 그것이다."

시간과 때를 구분하라

　새해를 맞아 주고받는 덕담은 좋은 풍속입니다. 덕담은 앞으로 될 일을 바라는 데 그치지 않고 이미 그 소망이 이루어졌음을 확신하기 때문에 미래완료형을 사용합니다. 이를테면 "새해, 복 많이 받으셨다지요", "올해는 손주를 보셨다지요" 라고 말합니다. 미래에 대한 희망을 바로 오늘 이루어지는 것으로 이해하고 축하하는 일, 이것이 바로 덕담의 매력입니다.
　기독교의 이해에 따르면 시간에는 목적이 있습니다. 세월은 쏜살같이 빠르게 흘러가지만 그 방향과 목적이 있습니다. 시간들이 쌓이고 쌓여 때가 꽉 찬 경륜을 이루어가는 것입니다.
　보통 사람들은 그러지 못합니다. 그래서 문제가 닥칠 때마다 '코앞의 일'에만 머물러 진통을 겪습니다. 우리네 사람살이와 사회가 겪는 진통은 시간과 때를 분별하지 못하는 데서 옵니다.

"나는 기적을 믿지 않습니다.
다만 매 순간 기적에 의지하여 살아갈 뿐입니다."
– 칼 라너

빈 무덤

아버지가 아들을 데리고 초원 지대로 여행을 떠났습니다. 날이 뜨겁고 길은 먼데 마침내 물도 떨어졌습니다. 아들은 목이 타고 피곤하다며 아버지를 원망했지만, 아버지는 머지않아 동네가 나타날 것이라며 조금만 참으라고 달랬습니다.

얼마쯤 가자 묘지가 나타났습니다. 아버지는 안도하면서 이제 곧 목을 축일 수 있다고 아들을 안심시켰습니다.

사막이나 초원 지대에 사는 사람들은 묘지를 동네 밖 멀지 않은 곳에 쓴다고 합니다. 그래서 묘지는 곧 동네가 가까이 있다는 표식이 됩니다. 무덤이 마지막이나 절망을 뜻하지 않고 새로운 출발과 희망으로 인식된다는 점은 참으로 놀랍습니다.

예수님의 무덤은 언뜻 실패와 절망처럼 보입니다. 그러나 예수님의 빈 무덤은 영원한 희망의 상징이 되었습니다. 빈 무덤은 죽어야만 산다는 것을, 제대로 죽음으로써 제대로 살 수 있음을 보여줍니다.

> "지혜 있는 사람이 어디에 있습니까? 학자가 어디에 있습니까?
> 이 세상의 변론가가 어디에 있습니까?
> 하나님께서는 이 세상의 지혜를 어리석게 하신 것이 아닙니까?"
> – 《성경》 고린도전서 15:20

노동과 쉼

바벨론의 창조 이야기를 보면 인간은 '물 대는 일을 하는 작은 신들'을 대신하여 만들어졌습니다. 사람은 애초부터 운명적으로 힘든 노역이 짐 지워진 존재라는 것입니다.

사람을 존귀한 존재로 보지 않고 돈벌이 기계나 노동력으로만 인식한 바벨론 신화의 발상은 참으로 천박합니다.

성경에서 가장 위대한 창조는 빛도, 태양도, 인간도 아니었습니다. 창조 드라마의 절정은 안식, 곧 거룩한 휴식이었습니다. 이렇듯 노동과 쉼을 구별하고 휴식과 안식을 인정하는 태도는 바로 성경의 관점입니다.

노동하는 날은 보통의 날들이지만 쉬는 날은 특별한 날이라는 상식이 만인의 진리로 자리 잡은 것은 불과 백 년도 안 된 일입니다. 하나님의 안식, 그것은 노동의 무거운 짐을 일깨운 혁명이었습니다.

> "네가 일할 때 하나님은 너를 가엾이 여기지만, 네가 노래 부르면 하나님은 너를 사랑하신다."
> – 타고르

유일한 책

인생에서 경험은 무엇보다 큰 힘이요, 재산입니다. 그러나 유한한 삶에서 모든 것을 직접 경험하며 살기란 불가능에 가깝습니다. 세상의 수많은 사람들을 만나는 것 역시 한계가 있습니다. 유한함을 극복하는 것이 바로 책입니다. 우리는 책을 통해 경험의 팔 둘레를 넓혀나갈 수 있습니다.

대학 시절인 1960년대 초에는 읽을 만한 책이 부족했습니다. 기억나는 베스트셀러를 꼽는다면 함석헌 선생의 《인간혁명》과 김형석 교수의 《영혼과 사랑의 대화》 등이 있습니다. 내게는 특히 김재준 목사의 《인간이기에》가 큰 감동을 주었고, 그 후에 읽은 《희랍인 조르바》 역시 자유로운 영혼을 느끼게 해주었습니다. 목회자가 아니었더라도 사람 그 자체에 대한 관심은 예나 지금이나 마찬가지였나 봅니다.

사람들은 책이라는 거울을 통해 자신을 들여다봅니다. 오늘날 우리 사회의 문제는 책이 적어서가 아니라 '생각하는 사람'이 부족한 데 있습니다. 생각하는 사람의 부족은 '생각하는 능력'이 빈곤한 세상을 낳습니다. 세계적 베스트셀러인 성경도 내가 읽지 않으면 소용이 없습니다. 성경은 나 자신에 관심을 기울이는 유일한 책입니다.

"성숙함이란 내 안의 자유를 확대하는 과정이다."

현실이 된 희망

어느 시인이 말했습니다.
"씨앗을 손에 들고 새소리를 들을 줄 알아야 한다."
얼마나 멋진 이야기입니까? 씨앗을 뿌리면 싹이 날 것이고 자라서 나무가 되면 새들이 깃들 것입니다. 그것은 아름다운 비약입니다. 아주 작은 씨앗이 조금씩 성장하는 것은 순리이지만, 머지않아 커다란 나무로 변한다는 사실은 기적처럼 느껴집니다. 사실 기적은 한낱 몽상이 아니라 꿈을 가꾸는 데서 비롯됩니다. 그래야 꿈이 현실로 이루어집니다.

겨자씨 이야기도 마찬가지입니다. 사전에서는 겨자씨가 "아주 단단하고 매섭고 생명력이 응집되어 있다"고 하지만, 사실은 육안으로 겨우 분별한 정도의 몸피를 지녔을 뿐입니다. 그런데 사람들은 씨앗 속에 이미 하늘나라를 잉태하고 있다는 예수님의 말씀을 과학으로만 듣고자 합니다.

시인의 상상력으로 받아들이십시오. 생활인의 이치로 분별하십시오. 믿음은 현실이 된 희망입니다.

"나무가 곁에 있는 나무에게 말했다. 우리 숲이 되어 지키자."
— 신영복

어둠과 아침

새해는 해마다 반복되지만 그 시간의 신비는 질서와 조화를 통해 사람들을 희망으로 인도합니다. 하나님의 섭리를 인정하는 믿음의 눈은 어둠조차 창조의 신비를 품을 징조로 받아들일 수 있습니다. 그래서 희망의 철학자 에른스트 블로흐는 "역사는 다가올 미래에 이루어질 존재에 대한 희망을 향하여 움직이고 있다"고 말했습니다.

새로운 시작은 단절할 것과 계승할 것을 분별하는 데서 출발합니다. 그러지 못하면 과거가 우리의 발목을 잡을 것입니다. 지금 내가 겪는 혼란이나 우리 사회가 겪는 진통은 허물 때와 세울 때를 분간하지 못한 데 원인이 있습니다. 묵은 땅을 깊게 갈아봅시다. 마음 밭에 희망이라는 씨앗을 뿌립시다.

깊은 어둠을 경험한 사람은 환한 아침을 맞을 수 있습니다. 그런 사람들에게 새로운 은총의 빛이 열립니다.

> "올해도 제 기도를 들어주셔서 감사합니다.
> 그리고 저의 더 많은 기도를 들어주시지 않아서 더욱 감사드립니다."
> — 김교신

산돌학교

우리나라 사람들이 가장 많이 걱정하는 것은 자녀교육입니다. 국가적으로도, 개인 차원에서도 엄청난 교육비를 투자하고 있습니다.

그렇다고 늘어나는 교육비만큼 걱정거리가 줄어들지는 않는 듯합니다. 무엇보다도 포기할 것과 투자할 것을 구분하지 못하기 때문입니다. 욕심을 포기하고 희망을 투자해야 하는데, 희망을 포기하고 욕심을 투자합니다. 요즘 인기가 높은 유기농법은 농부에게만 필요한 것이 아니라 사람농사인 교육에도 꼭 필요합니다.

대안교육을 선택한 산돌학교 부모들은 우리 사회에 보편적으로 퍼져 있는 욕심을 어느 정도 포기하기를 자청했습니다. 이 학교 교사들도 젊음을 투자하여 보람을 선택하였습니다. 얻은 것은 학생들의 자유로움이며, 사람다움이며, 자연스러움입니다.

산돌학교에 가장 넉넉한 것은 다름 아닌 희망입니다. 그런 씨앗에 어울리는 열매를 맺게 될 것입니다.

"사랑이란 어떤 사람을 그 본성에 따라서 자유로이 발달하도록 돕는 일이다."

노년시대

　동양 문화권의 노인들은 전통적으로 대접을 받았습니다. 중국 노인들은 젊은 사람에게 "미구에 노인이 될 텐데 뭘······" 하며 위로했다고 합니다. "돛을 달고 닻을 올리는 것은 젊은이들이 능사이지만 키를 잡는 것은 노인이다"라는 말 역시 노인들의 자부심입니다. 그래서 예로부터 젊은이에게는 귀만 있을 뿐 입은 없었습니다.
　세상이 바뀌면서 더 이상 노인들이 대접을 받지 못합니다. 세계 인구에서 가장 빠르게 증가하는 인구대가 예순다섯 살 이상이라고 합니다. 나이가 드는 것을 좋아하는 사람은 없습니다. 우리나라에서는 예순다섯 살 이상을 '노인'이 아닌 '어르신'이라고 부르기로 하였습니다. 일본에서도 육십대를 노년이 아니라 '열매 실(實)'자를 써서 실년(實年)이라고 부른다고 합니다.
　사실 마흔 살에도 늙을 수 있고 여든 살에도 젊을 수 있습니다. 정말 늙은 때는 배울 것을 모두 배웠다고 생각할 때, 남의 말을 듣기보다 자기가 더 말하고 싶을 때, 달콤한 옛날이 자주 회고될 때입니다.

"어리석은 자에게는 노년이 겨울이나 지혜로운 자에게는 노년이 황금기다."
- 《탈무드》

디아스포라

최근에 다녀온 모로코에서 많은 한국인들을 만났습니다. 이제 세계 구석구석 한국인이 없는 곳은 없더군요. 더 이상 한국인에게 심리적 오지는 없는 셈입니다. 전 세계에 흩어진 우리 민족은 현재 그 수가 5백 80만 명에 이른다고 합니다. 어떤 이는 '민족공동체의 확장'이라는 그럴듯한 해석을 달기도 했습니다.

세계 곳곳에 사는 해외 동포들은 '한인', '조선족', '고려인', '조선 사람', '애니깽' 등으로 불리지만 우리는 모두 한민족공동체임에 틀림없습니다. 일본제국주의의 침탈을 받던 19세기 말에 만주와 연해주, 하와이, 멕시코 등으로 망국의 한을 품은 채 유랑민처럼 조국을 떠났던 서러움은 그 뿌려진 씨앗의 밑거름이 되었습니다. 지난 백여 년이 넘는 세월 동안 해외 동포들이 겪어온 고난과 인내의 세월은 존경스럽기만 합니다.

우리는 흔히 '디아스포라(Diaspora)'라는 말을 씁니다. 여기서 '스포라'는 씨앗으로 한 민족이 다른 민족들 사이에 뿌려진다는 의미입니다. 그 씨앗들이 아픔과 수고를 거쳐 환희와 성취로 열매를 맺고 있습니다.

"조선 민족은 밖에 나가면 더 잘사는 민족이다."
– 이사벨 버드 비숍(Isabella Bird Bishop)

희망의 겨자씨

서양에 "겨자씨의 불안"이란 관용구가 있습니다. 성경의 비유에서 나온 표현입니다. 가장 작은 것을 의미하는 겨자씨는 불안 그 자체입니다.

물질은 상대적이어서 사람들은 항상 남보다 적게 가진 것을 의식하고 늘 더 많은 필요를 호소하게 마련입니다.

예수님의 겨자씨 비유는 인간의 가치 기준에 일대 혼란을 불러왔습니다. 인간이 가진 물량적 욕심을 채워 넣기에 겨자씨는 너무나 작기 때문입니다. 겨자씨는 물질적 크기가 아니라 믿음의 분량입니다. 그것은 나 자신과 세상을 변화시키는 씨앗입니다.

비록 겨자씨만 하지만 거기에 하나님을 향한 믿음이 결합될 때 그것은 세상을 변화시킵니다. 나는 이것을 '희망의 겨자씨'라고 부르고 싶습니다.

"제일 가르치기 어려운 수학 문제는 우리가 받은 복을 세어보는 일이다."

손님 접대

손님맞이 전통은 기독교의 오랜 관습입니다. 일찍이 유대인들도 세상에서 축복받을 여섯 가지 중에서 첫 번째로 손님 접대를 꼽았습니다.

예로부터 수도원은 성지 순례자들의 숙식을 제공하였으며 병든 자들을 치료하는 일은 물론이고 숨진 자의 장례를 치러주는 등 피난처 기능을 하였습니다. 이런 피난처를 '호스피스(Hospice)'라고 불렀습니다. 라틴어로 '손님(Hospese)'에서 유래한 호스피스는 '손님을 맞고 돌보며 환대한다'는 의미를 지닙니다.

세계감리교대회(WMC)를 준비하면서 우리나라를 찾아오는 외국 손님들을 어떻게 맞을까 궁리하느라 마음이 분주하였습니다. 가난한 나라에서 오는 손님에게는 넉넉한 호텔비가 없으니 홈스테이를 마련해야 했습니다. 이는 번거로운 일이지만, 가장 그리스도인다운 환대의 전통을 회복하는 일이기도 합니다. 예수님께서는 자기 집을 개방하고 손님을 맞이할 준비가 된 사람들을 찾아가실 것입니다.

> "나그네 대접하기를 게을리 하지 마십시오. 어떤 이들은 나그네를 대접하다가 자신도 모르는 사이에 천사들을 대접하였습니다."
> – 《성경》 히브리서 13:2

여성 시대

21세기를 앞두고 많은 사람들이 새로운 세기는 여성의 시대가 될 것이라고 예언했습니다. 21세기의 특징으로 3F를 거론하는 이야기도 들었습니다. 픽션(Fiction), 필링(Feeling), 피메일(Female)이 그것입니다.

1977년 제1차 가족법 개정부터 2005년 3월 호주제 폐지에 이르기까지 여성들의 권리는 점점 커져가고 있습니다. 양성 평등은 이제 누구도 부정할 수 없는 시대적 대세가 되었습니다.

그런데 21세기가 시작된 지 8년이나 지난 지금, 정말 여성의 시대가 왔음을 실감하고 있습니까? 여성들이 이 시대의 주인공으로 살아가는 것은 여전히 희망사항입니다. 우리 손녀들 세대에나 가능한 꿈같은 이야기일지도 모릅니다.

여성의 지위와 권리는 저절로 높아지지 않습니다. 대부분의 남성들은 결코 도와주지 않을 것입니다. 여성들이 앞장서서 시대정신에 맞고, 평화 지향적이며, 인류 공동선에 합당한 지도력을 양성해내야 합니다.

"숲에는 움직이지 않는 나무가 없고, 시냇물에는 멈춰 선 물결이 없다."

어린 왕자 성탄

예나 지금이나 여전히 생텍쥐페리(Sanint-Exupery)가 읽히는 것은 세대 간의 소통을 가능하게 하는 매력이 있기 때문이 아닐까요? 작가는 《어린 왕자》에서 이렇게 말합니다.
"사막이 아름다운 건 어디엔가 우물이 숨어 있기 때문이야……."
어린 왕자는 다 자란 어른들의 가슴속에 묻어둔 꿈으로 빚어낸 동화이기도 합니다. 어른들은 생활에 길들여지고 가치관이 굳어지면서 그 아름답고 신비로웠던 꿈의 세계를 잊고 살아갑니다.
성탄절은 그 꿈을 회복하는 절기입니다. 어린 시절의 성탄절은 바로 어린 왕자의 세계였습니다. 아기 예수님은 가장 가난한 어린 왕자의 모습으로 이 땅에 오셨고, 그 아름답고 순수한 이야기들을 통해 어린아이의 눈으로만 볼 수 있는 세상을 가르쳐주셨습니다.
사막에서도 우물을 기억하고 희망을 간직하는 일, 일상 세계에서 어린 왕자의 눈빛으로 동심의 보석을 하나씩 줍는 일, 그것은 아기 예수님께서 우리 모두에게 주신 가장 아름다운 선물입니다.

"하나님은 보통 사람을 가장 사랑하신다.
그래서 이 세상에는 보통 사람이 가장 많다."
– 에이브러햄 링컨

못 한 근과 망치

홀어머니와 아들이 있었습니다. 아들은 늘 말썽을 부려 어머니의 마음을 상하게 하였습니다. 매일 같은 간곡한 부탁도 공염불이었습니다. 아들을 올바르게 만들어보겠다고 작정한 어머니는 한 가지 방법을 생각해냈습니다. 어머니는 못 한 근과 망치를 사서 아들이 잘못을 저지를 때마다 마루 기둥에 못을 박았습니다.

궂은비가 내리던 어느 날, 방바닥을 뒹굴던 아들은 못이 까맣게 박힌 기둥을 보았습니다. 헤아릴 수 없이 많은 못들. 그것은 자신의 못된 행적에 대한 증거였습니다. 어머니를 속상하게 했던 기억들이 주마등처럼 눈앞을 스쳐 지나갔습니다. 아들은 어머니에게 가서 눈물을 흘리며 용서를 빌었고 어머니는 아들을 안아주었습니다.

"아들아, 이제 나는 죽어도 원이 없다. 이제부터 너는 착한 일을 행할 때마다 저 못을 하나씩 뽑아라."

세월이 흘러 못은 다 뽑혔습니다. 그러나 여전히 못 박힌 흔적이 남아 있었습니다. 아들은 선행을 계속하여 그 자리를 하나씩 메워버리리라 결심했고, 결국 뜻대로 이루어졌습니다.

"어떤 마귀라도 기도하는 어머니의 자녀는 빼앗아 가지 못한다."
– 빌리 선데이(Billy Sunday)

인생 70

예순여덟 살 생일을 보내면서 곧 일흔이 들이닥쳤음을 실감합니다. 옛 사람들은 일흔 살을 '천수'라며 부러워했다는데 아직 실감할 수 없습니다. 아니, 인정하고 싶지 않은 것이 본심입니다.

〈백년가〉는 일흔 살에 물가에 서 있으면 마음이 비어 있는 것이 맑은 거울처럼 물 위에 비친다고 노래합니다. 또 노래하기를 70년 된 닭은 봉황이 되고 70년 된 이무기는 용이 된다는데 나는 물가에 나온 어린아이 같습니다.

노인은 존재만으로도 인생의 교훈이요, 귀감이라고 할 수 있습니다. 인생은 늙어가는 것이 아니라 익어가는 것이기 때문입니다.

열매가 무르익어 향기를 내듯이, 노인은 원숙함을 은근히 자랑할 만합니다. 나 또한 일흔 해를 그렇게 맞이하게 되기를 바랍니다.

> "우리의 연수가 칠십이요 강건하면 팔십이라도, 그 연수의 자랑은 수고와 슬픔뿐이요, 빠르게 지나가니 마치 날아가는 것 같습니다."
> – 《성경》 시편 90:10

약속

사람은 약속을 지키는 사람과 그러지 못하는 사람으로 나눌 수 있습니다. 신뢰는 약속을 지키는지 여부에 달려 있습니다. 책임 있는 자리에 있을수록 약속의 무게는 천금같이 무거워야 합니다. 그런데 공직 선거를 보면 못 지킬 약속을 남발하는 사람들이 많습니다. 그 결과가 부도수표와 같을 것은 자명한 노릇입니다.

그리스도인은 언약의 백성입니다. 우리가 스스로 정한 약속들, 이를테면 성직자 윤리나 교인 생활지침, 사회규약 같은 것들은 부채의식이 아니라 특권의식을 바탕으로 지켜야 합니다. 흔히 권리에 따른 의무를 의미하는 '노블레스 오블리제'처럼 그리스도인으로서 자부심이 묻어나는 태도를 가져야 합니다.

교회가 '성전'으로 불리고 교인이 '성도'로 대접받는 것은 건물과 사람 이전에 거룩함의 영역에 관여되어 있기 때문입니다. 관습이기 이전에 하나님과의 약속입니다.

"원칙 중심의 지도력이 가장 강하고, 합법적이고, 윤리적이다."
– 블레인 리(Blaine Lee)

존재의 깨달음

유태인들은 바지 호주머니 양쪽에 작은 조약돌을 하나씩 넣어 다닌다고 합니다. 오른쪽 주머니의 조약돌을 만지면서 "하나님이 나를 위해 온 우주 만물을 만들어주셨구나" 생각하며 자신의 존재 가치를 깨닫습니다. 또 왼쪽 주머니의 조약돌을 만지면서 "나는 흙에서 만들어져 흙으로 돌아갈 허무한 인간이구나" 깨닫고 겸손함을 되새깁니다.

그들은 '키파'라는 모자를 쓰고 다니는데 자기들 위에 계신 절대자를 기억하려는 뜻에서라고 합니다. 우리가 이스라엘에서 배우는 중요한 한 가지 교훈은 '기억'입니다.

구약성서는 하나님께서 이스라엘에 행하신 구원의 역사를 기억하고 집대성한 것입니다. 참사람은 하나님 앞에서 자신의 존재를 깨닫고 함께하신 역사를 기억하는 데서부터 출발합니다.

"기억은 우리를 구원하고, 망각은 우리를 다시 포로가 되게 한다."
– 예루살렘 야드바셈 박물관

소명과 사명

고대 그리스의 대작가 헤시오도스(Hesiodos)는 이렇게 말했습니다.

"사람들을 훌륭한 일에 부르는 자는 훌륭하다. 또 훌륭한 자의 부름에 응하는 자 역시 축복을 받으리라. 하지만 부르지도, 부름에 귀를 기울이지도 않고 다만 쉬기만 하는 자는 아무런 쓸모가 없다."

우리는 우연히 지금의 자리에 존재하는 것이 아닙니다. 믿음이란 무엇입니까? 그것은 하나님의 계획과 섭리를 받아들이는 태도입니다. 하나님의 부르심을 의식하는 것은 '소명(召命)'이고, 하나님께서 내게 맡기신 역할을 자각하는 것은 '사명(使命)'입니다.

우리는 아무렇게나 생각해도 좋을 사람이 아니라 "사랑받기 위한 사람"이고 "부르심을 좇아 살아가는 사람"입니다.

"믿음이란 자신이 하나님에게 알려져 있다는 사실을 아는 것이다. 다시 말하면 우리가 하나님을 아는 것이 아니라 하나님께서 나를 알아주신다."

직업의 참의미

본래 자본주의의 직업윤리는 기독교 정신에서 나왔습니다. 직업이란 말은 독일어 '베루프(Beruf)'에서 유래했습니다. 막스 베버(Max Weber)의 《프로테스탄트 윤리와 자본주의 정신》에 따르면 '베루프'는 인간을 직업으로 불러주셨다는 종교적인 거룩한 소명과 세속적인 의미가 동시에 함축되어 있는 개념입니다.

마틴 루터는 구약성서 외경 집회서(11:21)를 번역하면서 "주를 믿고 네 일(직업)에 힘써라"라는 구절을 독일어 '베루프'로 번역하였습니다. 이 단어는 '부르다'라는 뜻입니다. 직업이야말로 하나님께서 불러주신 일이라는 소명 의식을 강조하고 있습니다.

요즘 젊은이들은 직업을 목마르게 갈구합니다. 소명은 넘쳐나고 이미 준비도 되었는데 기회가 바늘구멍입니다. 더 이상 직업의 소중함을 말하는 것도 잔소리가 되었습니다. 정말 남의 일이 아닙니다.

"예수는 직업에 매이지 않고 직업을 주신 하나님을 위해 살았다네."
— 박영

성숙한 신앙

어린이에게는 어린아이의 말투가 있고, 생각이 있고, 행동이 있습니다. 그럴 때 참 순수하고 귀엽다고 말합니다. 그러나 어른이 되어서도 여전히 어린아이의 티를 벗지 못하면 큰일입니다. 어른이 어린아이 같은 행동을 할 때 우리는 유치하다고 말합니다. 어른이 되어서는 어린아이의 방식을 버려야 합니다.

'키덜트(Kidult)'란 말이 있습니다. 나이 든 어린아이를 말합니다. 몸은 장성했지만 심리적으로 어린아이의 상태에 머물러 있습니다. 일종의 퇴행입니다.

신앙에도 어린아이의 상태가 있고 어른의 상태가 있습니다. 성탄절에 머물러 있다면 아직 어린이다운 것이고, 십자가에 접근했다면 어른스럽다고 말할 수 있습니다.

무엇보다도 신앙의 성숙함을 드러내는 기준은 사랑입니다. 신앙교육은 사람의 실존 속에 이타적인 사랑, 예수의 인격을 새겨 넣는 일입니다. 사랑은 모든 것의 완성입니다.

> "당신이 빵을 사고 싶을 때 동전을 지불한다. 가구를 사고 싶을 때 은전을 지불한다. 토지를 사고 싶을 때는 금전을 지불한다. 그러나 사랑을 사고 싶을 때 당신은 당신 자신을 지불해야 한다. 사랑의 값은 당신 자신뿐이다."
> – 성 어거스틴

신의 정원으로

《신의 정원에서 뛰놀며》라는 책은 남태평양의 섬에서 살아가는 사람들의 이야기입니다.

그 섬은 문명과는 등을 졌지만 신과 인간, 자연 사이에 아무런 거리감이 없습니다. 무엇보다도 그 섬에서는 인간 사회의 허위의식이나 무한경쟁, 과도한 소비문화를 찾아볼 수 없습니다. 그래서 저자는 그 섬을 태초에 첫 사람들이 살던 벌거벗은 '신의 정원'처럼 묘사하려고 했나 봅니다.

신앙이란 인간의 교만을 하나님 앞에 내어놓는 겸손이며, 위선으로 가린 자신을 벗어버리는 솔직함입니다. 자연 이치처럼 낡고 새로워지는 것이 신앙의 원리입니다.

신앙에 입문한 사람이든, 평생 그 믿음으로 살아온 사람이든, 누구나 해야 할 일은 옛 생활을 청산하고 새사람이 되는 것입니다.

"누구든지 그리스도 안에 있으면 새로운 피조물입니다.
옛것은 지나갔습니다. 보십시오. 새것이 되었습니다."
– 《성경》 고린도후서 5:17

정통성과 정체성

신앙은 언제나 정통성이라는 힘겨루기를 합니다. 정통성은 결코 법적 계승이나 힘의 크고 작음을 의미하지 않습니다. 정통성은 정체성의 문제이기도 합니다.

환경과 조건이 변하더라도 기본형인 정체성을 지켜나가는 것이 곧 정통성입니다. 그러나 사람들은 정통성을 고집하면서도 그 내용인 정체성에 대해서는 별로 관심이 없습니다.

우리는 변화무쌍한 세상에 살고 있습니다. 사실 우리는 신앙의 본질 앞에서 늘 변덕스럽습니다. 신앙의 정통성은 소속감만으로 가능할지 몰라도, 한결같은 믿음과 영성을 지키려는 신앙의 정체성은 나 자신의 태도와 관련이 있습니다.

어떤 상황과 처지, 조건에도 불구하고 예수님의 마음, 그 사랑, 그 안에서 이루어가는 하나님의 뜻과 나라를 우리는 여전히 간직하고 있습니까?

"본질에 관해서는 일치로, 본질이 아닌 것에 대해서는 자유롭게, 모든 것은 사랑으로."
— 미연합감리교회(UMC) 1996년 총회 주제

모니카의 기도

초대교회 교부인 성 어거스틴의 어머니 모니카는 기도하는 사람으로 유명합니다. 모니카는 젊은 시절에 하나님의 길을 벗어난 아들에게 "하나님이 두렵지 않니?" 하며 늘 하나님 타령을 했습니다. 그러나 비뚤어진 아들의 입장에서는 언제나 잔소리일 뿐이었습니다.

모니카는 생각을 바꾸었습니다. 이제 하나님에게 아들 타령을 했습니다. 그랬더니 아들 어거스틴이 바뀌었다고 합니다. 하나님의 말씀은 귀가 아닌 마음을 울리고 언제나 내 영혼의 문을 두드리십니다.

오히려 기도는 하나님이 나누시려는 기쁨을 우리가 받아들이도록 마음을 여는 것입니다. 마음이 열리면 굳이 말이 필요가 없습니다.

"낙심치 말고 기도를 해야 할 이유는 바로 하나님이 나 같은 존재일망정 믿기 때문이다."

큰 반성 큰 희망

한 해를 돌아보면 누구나 "참 힘들었다"고 말합니다. 그래서 사람들은 '우여곡절(迂餘曲折)'이니, '새옹지마(塞翁之馬)'니, '좌고우면(左顧右眄)' 같은 사자성어를 통해 지난해가 얼마나 어려운 시기였는지를 표현합니다.

물론 이는 고달픈 때를 반추하는 데 그치지 않습니다. 한편으로 새해에 대한 기대감과, 변화와, 새로운 기회에 대한 소망이 담겨 있습니다. 한 해를 정리하면서 그것을 밑천 삼아 전화위복으로 만들려는 의도가 숨어 있습니다.

누구든 되돌아보면 잘한 일보다는 잘못한 일들이 기억에 더 많이 남습니다. 성취감보다는 후회가, 자부심보다는 미련이 더 많이 남게 마련입니다.

지혜로운 자는 어린아이 앞에서도 "내가 잘못했다"고 사과할 줄 알지만, 어리석은 사람은 핑계가 가득하여 노인 앞에서도 고개를 못 숙입니다. 반성이 큰 사람이 희망도 큰 법입니다.

"기독교 신앙은 '가불신앙'이라고 할 수 있다. 우리는 주실 줄 믿으며 미리 앞당겨 감사하고, 미리 기뻐하고, 미리 축하한다."

당신은 소중한 씨앗

부지런한 농부들은 음력 정월대보름이 지나기가 무섭게 봄맞이 채비를 갖춥니다. 꽁꽁 얼어붙었던 텃밭이 풀리기를 기다려 쟁기질을 하고, 꼬불꼬불한 논두렁의 마른풀을 태우느라 매캐한 연기가 그칠 새 없습니다. 어릴 적 농촌의 봄은 그렇게 찾아왔습니다.

이 땅에서 농부들에게 복음을 전한 캐나다 선교사 말콤 펜윅(Malcolm Fenwick)은 "만약 호미로 땅을 간질여주면 웃으면서 추수하게 될 것이다"라고 조선의 농부들을 일깨웠습니다.

농부들은 겨우내 씨앗을 갈무리해둡니다. 씨앗만큼 소중한 것은 없습니다. 마찬가지로 사람들에게는 저마다 기억속에 갈무리해둔 씨앗이 있습니다. 그러나 사람의 굳은 마음은 쉽게 녹지 않아서 씨앗을 뿌릴 때를 찾기가 쉽지 않습니다. 바쁜 일상 역시 씨앗 뿌리기를 주저하게 만듭니다.

봄을 맞아 당신이 준비한 희망의 씨앗을 일상의 텃밭에 뿌리십시오. 당신도 하나님의 소중한 씨앗입니다.

"씨앗은 시대의 눈알이다."
– 《씨알의 소리》

평심원

은퇴하신 민선규 목사님이 초대장을 보내왔습니다. 40년 목회를 마감하고 남은 생을 어떻게 하나님께 순종해야 할지, 진정 어린 섬김의 방도가 무엇일지를 기도하다가 노인복지요양원 '평심원(平心苑)'을 마련하였답니다. 목사님의 평심원 개원은 신선한 충격이었습니다.

퇴직금에 은퇴 축하금을 더하고, 또 몇몇 분의 정성을 모아 2백여 평 요양원 건물을 지었습니다. 마흔 명 정도가 함께 살 수 있는 노인 공동체를 마련하고 그중 열다섯 명 정도는 환자를 받는다고 합니다. 자신의 모든 것과 함께 미래까지 노인복지요양원에 바친 셈입니다.

나도 나이가 들수록 물질에 마음을 두고 자식 일에 집착하게 되는 것을 부인하기 어렵습니다. 목회자 세계에서 은퇴를 앞두고 물질적인 문제로 이런저런 실망스러운 소문이 떠도는 것은 안타까운 현실입니다. 목사일수록 더 높은 도덕성과 명예를 요구받는데도 우리는 자주 금도를 넘어섰고, 비난을 자초하였습니다.

민 목사님의 모범적인 목회자상은 참으로 행복한 모습이 아닐 수 없습니다. 자신을 포기할 줄 아는 삶 속에서 희망을 보았습니다.

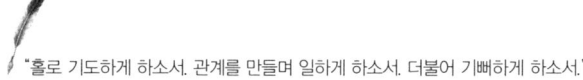
"홀로 기도하게 하소서. 관계를 만들며 일하게 하소서. 더불어 기뻐하게 하소서."

그리스도인의 노동철학

예전에 시무했던 교회의 관리 집사님에게 '성자'라는 칭호를 붙여드린 일이 있습니다. 노동을 즐겁게 하는 모습에 감명을 받았기 때문입니다. 그는 하루 종일 교회 구석구석을 깨끗하고 정성스럽게 관리합니다. 교회 재정을 아끼려고 자신의 수고를 아끼지 않습니다. 그가 일하는 모습을 보면서 "집사님, 좀 쉬면서 하십시오" 하고 부탁할 정도였습니다. 집사님의 헌신에 여선교회 회원들이 감동을 받아 "관리 집사님을 돕자"며 토요일마다 나와 함께 일하게 되었습니다.

자기 일을 즐겁게 하는 사람, 하나님의 영광을 위해서 일하는 사람, 이런 사람이 성자가 아니겠습니까? 지혜로운 사람은 자기 일을 즐길 줄 압니다. 일은 우리에게 친구를 만들어주고, 건강을 가져다주며, 삶의 보람을 안겨줍니다.

그리스도인은 자신이 하는 일을 하나님이 주신 사명으로 알아야 합니다. 하나님을 섬기는 귀한 일로 알고 즐겁게 충성해야 합니다. 이것이 그리스도인의 노동철학입니다.

> "그리스도인이란 모든 것 위에 서 있는 자유의 군주이므로 누구에게도 종속되지 않는다. 그리스도인은 모든 사람을 섬기는 종이므로 누구에게나 종속된다."
> – 마틴 루터

꿈꾸는 백성

요즘 아이들은 꿈이 없다고들 안타까워합니다. 잠을 푹 자야 꿈인들 꿀 텐데 보충수업 들으랴, 학원 다니랴 잠잘 사이도 없습니다. '밤이 길어야 돼지꿈도 많이 꾸는 법'인데 말로는 "꿈은 이루어진다"고 외치지만 아이들에게는 꿈꾸기조차 버겁습니다.

옛날이야기에 따르면 꿈은 코로 빠져나간 생쥐가 사방을 돌아다니며 겪는 일이라고 합니다. 그런데 꿈보다 해몽이 더 중요합니다. 불길한 꿈은 애써 '그까짓 꿈'으로 무시하고, 좀 괜찮은 꿈은 '꿈보다 해몽'이라고 확대해석하는 것이 사람의 마음입니다.

우리 민족의 꿈은 통일입니다. 그 소원은 언제나 이루어질는지 누구도 자신 있게 해몽하지 못합니다. 우리 속담에 "아이 못 낳는 여자가 밤마다 태몽만 꾼다"고, 우리는 얼마나 많은 꿈을 꾸어야 할지 모릅니다.

그래도 꿈꾸는 백성에게는 늘 가능성이 열려 있습니다.

"꿈꾸는 시간을 가지십시오. 그것은 하나님이 주신 선물입니다."
– 아일랜드 기도문

6
절망을 이기는 1분

삶의 충격

신림 가나안농군학교에서 김용기 장로의 말씀을 들었습니다. 많은 분들이 고구마 재배에 대해 질문했습니다.

"무슨 이유로 고구마가 호박처럼 그렇게 커집니까?"

그분의 말씀이 인상적입니다.

"고구마를 심어놓고 김을 맬 때가 있습니다. 이때 태양빛과 공기가 들어가도록 호미로 이삭을 건드리면 그 고구마가 깜짝 놀라서 불쑥 커집니다."

우리의 삶 또한 마찬가지라는 생각이 들었습니다. 우리가 기나긴 인생의 여정에서 충격을 받을 때 영적으로, 정신적으로 깜짝깜짝 놀라지만 그만큼 성장하게 됩니다. 심리학에서도 인간은 충격으로 말미암아 성장하게 된다고 하더군요.

삶 속에 뜻하지 않았던 실패와 예기치 못했던 시련이 닥쳐왔을 때 결코 피하지 마십시오. 내가 부쩍 성장할 기회요, 풍성한 삶을 예비할 기회입니다.

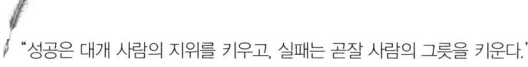
"성공은 대개 사람의 지위를 키우고, 실패는 곧잘 사람의 그릇을 키운다."

사실과 반응

심리학자들의 말에 따르면 인간에게 일어나는 사건은 단 10퍼센트만이 사실이고 나머지 90퍼센트는 사건에 대한 반응이라고 합니다. 모든 일에 긍정적으로 반응하면 긍정적인 사람이 되고, 부정적으로 반응하면 부정적인 사람이 된다는 말입니다.

자크 아탈리(Jacques Attali)의 《미테랑 평전》에서 읽은 그의 말이 인상적입니다.

"내게 길일(吉日)을 기다리라고 요구하지 마십시오. 길일은 바로 지금, 오늘입니다."

중요한 것은 '사실'이 아니라 '어떻게 반응하느냐'입니다. 믿음이 있는 사람들은 아무리 큰 어려움이 닥치더라도, 10퍼센트의 사실을 90퍼센트의 반응을 통해 뒤집을 수 있는 사람들입니다.

여러분은 '사실' 자체에 매여 있는 사람이 아니라 '반응'으로 사실들을 뒤바꾸는 사람이 되기 바랍니다. 그것은 바로 기도하는 사람의 특징입니다.

"각각의 날은 새날이고 각각의 날은 하나의 삶이다."
— 함마르시욀드(Dag Hammarskjöld)

인생의 새벽

성경을 보면 해가 져서부터 뜰 때까지 대략 저녁 6시부터 아침 6시까지를 밤이라고 했습니다.

신약시대에는 로마의 영향을 받아 밤을 세 시간씩 네 단계로 나누었습니다. 저물 때, 밤중, 닭 울 때, 새벽으로 구분한 것입니다. 밤에 성을 지키는 파수 근무도 이를 기준으로 교대 시간을 정하였습니다. 특히 밤의 마지막 단계인 새벽은 상징적으로 하나님의 구원의 시간을 의미하였습니다.

밤은 그 어두운 느낌 그대로 수난, 비극, 아픔, 고통, 상처의 시간을 대표합니다. 우리는 아픈 사람에게 밤이 얼마나 긴지를 경험했습니다. 반대로 건강한 사람에게는 밤이 얼마나 짧은지 모릅니다. 예부터 시인들은 인간이 권리를 상실하고, 자유가 억압받으며, 진리가 외면당하고, 정의가 사라진 현실, 곧 암울한 역사의 밤을 노래해왔습니다. 그리고 새벽에 대한 찬가를 불렀습니다. 우리 인생의 밤에도 저물 때가 있으면 반드시 새벽이 다가옴을 기억하십시오.

"내 영혼이 주님을 기다림이 파수꾼이 아침을 기다림보다 더 간절하다."
— 《성경》 시편 130:6

시작이 좋으면 모든 것이 좋다

독일의 신학자 몰트만 교수는 '희망의 신학자'로 불립니다. 지난 40년 가까이 세상에 희망을 전염시키기 위해 노력했기 때문입니다. 한국을 방문한 자리에서, 그는 여전히 험한 세상과 궂은 현실 속에서도 희망을 말해야 하는 이유가 있음을 강조했습니다.

그는 "끝이 좋으면 모든 것이 좋다"는 독일 속담을 뒤집어 "시작이 좋으면 모든 것이 좋다"고 풀어냈습니다. 분명한 것은 희망이 마침표가 아니라 출발점이라는 사실입니다. 희망은 시작을 가능케 하는 힘입니다. 그 힘은 마침내 아름다운 귀결을 가져오리라는 점에서 희망적입니다.

희망은 우리를 살맛나게 하고 가슴을 뜨겁게 합니다. 바로 하나님을 향하게 하기 때문입니다.

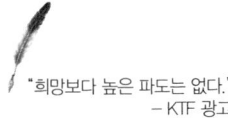
"희망보다 높은 파도는 없다."
– KTF 광고

거룩한 물음

어떤 목회자나 교회에 대해 안팎에서 시시비비가 오가는 이야기가 들려올 때가 있습니다. 문제를 가지고 직접 찾아오거나 인터넷을 통해 비난하기도 합니다. 내가 구설수에 오르는 경우도 있습니다. 남의 일 같지 않게 분노를 느끼기도 하고 또 부끄러워지기도 하고 때로는 동정하기도 합니다.

오늘 한국 교회의 위기, 한국 목회자들의 위기, 한국 그리스도인들의 위기는 바로 첫사랑을 잊어버렸기 때문에 찾아왔습니다. "네가 나를 사랑하느냐?" 하는 거룩한 물음에 대해 근심하지 않기 때문입니다. 우리는 모두 거룩한 사람입니까? 아닙니다. 다만 거룩한 물음이 필요한 사람입니다.

"네가 나를 사랑하느냐?"

이 물음이 나를 살리고, 우리 교회를 살리고, 더 나아가 우리 모두를 살릴 것을 믿습니다.

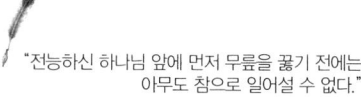

"전능하신 하나님 앞에 먼저 무릎을 꿇기 전에는 아무도 참으로 일어설 수 없다."

기도의 힘

사람 사는 곳에는 행복과 불행이 존재합니다. 우리 집도 예외가 아니었습니다. 둘째 아이가 초등학교 2학년 때 원인 모를 병에 시달렸습니다. 병원에서는 병명을 알지 못했습니다.

오랜 수고 끝에 그 당시 최고 권위자에게서 '척추 카리에스'라는 진단을 받았습니다. 유명한 소아과 의사와 정형외과 전문의가 내린 진단이 일치하였습니다. 2년간 약을 먹으면 완치될 수 있다는 말에 희망을 걸었습니다.

그러나 기약한 시간이 다 되었는데도 아무런 변화가 없었습니다. 다시 진단을 받아보니 오진이었습니다. 척추 카리에스가 아니라 목뼈에 종양이 있었습니다. 빨리 수술을 하라고 합니다. "하나님 맙소사!" 세상에 이런 일이 있습니까?

그 당시 부모로서 할 수 있는 유일한 방법은 기도뿐이었습니다. 그리고 나는 기도를 통해 기도의 신비를 알게 되었습니다. 기도는 사람을 인내하게 하고, 바른 생각과 판단을 내리게 하고, 이해하게 하고, 용서하게 하며, 마음을 맑게 합니다.

"불평하려거든 너를 도울 수 있는 이에게 불평하라."
– 남슬라브 격언

벽

사람들은 누구나 벽을 경험합니다. 벽은 한마디로 거절의 목소리입니다. 극성스러운 경쟁 속에 살아온 사람들은 그만큼 잦은 실패와 좌절을 겪게 마련입니다. 거절을 반복해서 당하다 보면 언제나 불안의 그림자가 드리우게 됩니다.

"계란으로 바위치기"란 말은 좌절과 거절을 겪은 사람들에게 너무나 절실한 경구입니다. 거절이라는 벽과 맞닥뜨렸을때 다시 한번 두드려보는 것이 마땅한데도 선뜻 그러지를 못합니다. 거절이 반복되면서 절망이 편견처럼 쌓였기 때문입니다.

"하나님은 한쪽 문을 닫으시면 또 다른 쪽 문을 열어주시는 분이다"라는 유대인의 지혜는 거절당한 사람들에게 큰 위로와 용기를 줍니다. 그것은 희망의 또 다른 표현입니다.

> "하루만 참자. 내일은 변화가 온다.
> 경험상 하루가 지나고 나서도 참기 힘든 일은 거의 없더라."
> — 김대중

화환과 조화

어떤 사람이 새로 사무실을 열었습니다. 개업을 축하하는 화환들이 많이 도착했는데, 그중 하나에 이렇게 적혀 있었습니다.
"이제 평안히 쉬소서."
그 사람은 화가 나서 꽃을 배달한 화원에 항의 전화를 했습니다. 금세 달려온 꽃집 직원은 꽃이 바뀌었다면서 이렇게 말했습니다.
"죄송합니다. 장례식장으로 가야 할 조화와 바뀌었습니다."
반면 장례식장으로 간 화환에는 이런 문구가 적혀 있었습니다.
"새로운 곳에서 새로운 시작을 축하합니다."
이것이 참된 부활신앙이 아닙니까?

"인간의 죽음은 자유를 향해 걸어가는 길 위에서 펼쳐지는 최고의 축제다."
— 디트리히 본회퍼

슈퍼맨

영화 《슈퍼맨》의 주인공 크리스토퍼 리브(Christopher Reeve)는 건강하던 전성기보다 반신불구가 된 후에 더욱 존경을 받았습니다. 가수 강원래 씨도 교통사고에서 재기하여 감동적인 활동을 펼치고 있습니다.

대중적인 인기인으로 사랑을 받던 그들이 직접 몸으로 겪은 '인간 드라마'는 더욱 아름다워 보입니다. 리브는 불편한 몸을 이끌고 척수 장애인들을 위한 활동을 활발히 펼쳤고, 그 열정에 감동한 미국 정치인들은 의회에 그의 치료비를 요구하기도 했습니다. 현실로 돌아온 슈퍼맨은 이렇게 말했습니다.

"우리는 삶에서 우리가 생각하는 것보다 훨씬 더 많은 것을 성취할 수 있다."

인생의 깊고 심오한 의미는 오히려 고통 속에 있으며, 고통이 인간을 강하게 만듭니다. 인생이라는 나무에 탐스러운 열매가 맺히기를 바라십니까? 그러면 지금 당신에게 주어진 고통의 황무지를 용기를 갖고 일구어나가십시오.

"내 연약함이 나에게 평화를 가르쳐주었다."

담대심소

담대함은 두려움이 없는 상태를 말합니다. '소심하다'는 말의 반대가 바로 '담대하다'입니다. '담대심소(膽大心小)'란 말도 있는데, 배짱은 크게 가지되 세심한 주의를 기울이라는 뜻입니다.

세상에 걱정과 두려움이 없는 사람은 단 한 사람도 없습니다. 단, 두려움에도 차이가 있습니다. 건강한 두려움이냐, 병적인 두려움이냐. 둘 사이의 간격은 분명합니다.

실패, 소외, 질병, 노쇠, 죽음 따위는 인간이라면 예외 없이 공통적으로 겪어야 하는 고통입니다. 이러한 고통들에 대해 어떤 두려움의 태도를 갖느냐에 따라 우리의 삶은 달라집니다. 건강한 두려움은 우리로 하여금 고통을 극복하게 만들지만, 병적인 두려움은 더 큰 두려움을 낳습니다.

하나님께서는 우리를 향해 담대하라고 말씀하십니다. 걱정과 염려일망정 그것을 건강하게 바꿔낼 수 있습니다.

"염려의 시작은 신앙의 끝이다. 그러나 신앙의 시작은 염려의 끝이다."
― 조지 뮐러(George Müller)

시계 대신 나침반

해마다 반복되는 새해가 의미 있는 것은 우리를 희망의 문으로 인도하기 때문입니다. 시간을 하나님의 선물로 받아들이는 사람은 은총을 누릴 줄 아는 사람입니다. 어둠조차 창조의 신비로 받아들이며 침묵 속에서 하나님의 음성을 들을 수 있습니다.

진정한 어둠과 아픔을 경험한 사람은 새로운 때를 기다릴 줄 압니다. 그것은 단순한 시간이 아니라 미래의 방향입니다. "시계를 보지 말고 나침반을 보라"는 스티븐 코비의 충고가 우리에게 설득력 있게 다가서는 것은 그 때문입니다.

그러나 우리는 그러지 못합니다. 그때그때 상황이 닥칠 때마다 시시비비에 휩싸이고 진통을 겪습니다. 지금 사람살이나 인간관계로 겪는 진통은 나침반을 잘못 읽었기 때문입니다. 나를 넘어지게 하는 장애물은 미래를 향한 신뢰를 잃었기 때문입니다.

묵은 땅을 뒤집고 다시 시작해보십시오. 당신은 희망의 씨앗을 뿌리는 농부입니다.

"사람은 세월이 쌓여서 늙는 것이 아니다. 이상(꿈)을 잃었을 때 늙는다."
– 사무엘 울만(Samuel Ullmann)

여름 열매

순우리말인 '여름'은 '열매'에서 파생된 낱말입니다.

풋과일의 쓴맛은 무더운 여름의 불볕더위와 비바람을 겪으면서 단맛으로 바뀝니다. 이것이 여름이라는 이름이 지닌 의미가 아닐까요. 우리는 여름을 통해 다디단 결실을 맛보게 됩니다.

인생을 두고 흔히 쓴맛과 단맛이라고 이야기합니다. "젊어 고생은 사서도 한다"는 우리 속담이 있는데, 그것은 쓴맛을 단맛으로 바꾸어가는 과정이기 때문입니다.

여름의 무더위를 탓할 일은 아닙니다. 곧 인생의 단맛을 경험하게 될 것입니다.

"모든 인간에게 세상에서 가장 중요한 것은 그의 가장 깊은 곳, 그의 영혼, 그의 사랑하는 능력이라네."
— 헤르만 헤세

불가능은 없다

희망 없이 살아가는 사람들은 특징이 있습니다. 그들은 사실을 왜곡해서 삐딱하게 바라봅니다. 말이나 행동도 부정적입니다. 엄두도 내기 전에 미리 겁을 집어먹습니다. 말끝마다 입버릇처럼 "재수 없다", "일진이 나쁘다", "큰일 났다", "걱정이다", "누구 탓이다"라고 합니다. 제 복을 제 입으로 다 까먹어서 다가오는 복까지 달아나게 마련입니다.

로버트 슐러(Robert Schuller) 목사는 《불가능은 없다》에서 이렇게 말합니다.

"문제가 없는 사람에게는 도전도 없다. 모든 문제에는 해결 방법이 있다. 결국 문제는 꿈의 크기와 정비례한다. 따라서 문제가 인생을 재미있게 만든다."

긍정적인 사고방식은 남다른 삶을 선택하게 하는 능력입니다. 문제조차도 도전으로 바꾸어버리기 때문입니다.

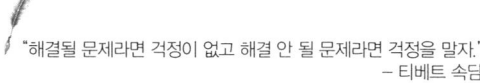
"해결될 문제라면 걱정이 없고 해결 안 될 문제라면 걱정을 말자."
– 티베트 속담

가축을 다루는 방법

소, 말, 양은 모두 집에서 기르는 가축입니다. 그러나 다루는 방식은 가지가지입니다. 소는 뒤에서 몰고 가야 하고, 말은 옆에서 몰아야 하며, 양은 앞에서 이끌어야 합니다. 소는 뿔로 사람을 받을 수 있기 때문에 뒤에서 몰고, 말은 뒷발질할 염려가 있어 옆에서 붙잡고 가며, 양은 머리가 나빠 어디로 갈지 모르기 때문에 앞에서 인도해야 하는 법입니다.

우리 인간들은 미래를 알지 못하는 양과 같은 존재입니다. 어린 양은 삶에 지친 이들이나 불안에 떠는 자들, 위로와 격려가 필요한 이들과 모든 고난당하는 자들의 원형입니다.

예수님은 선한 목자처럼 우리 곁에서 힘이 되어주시고 보호자가 되어주십니다. 누구든지 선한 목자이신 예수님을 만나면 풍성한 생명을 얻습니다.

"하나님은 지체하실지라도 결코 잊지는 않으신다."
– 스페인 속담

구원의 사각지대

상인들은 사람들의 위기의식을 이용하여 상품을 팝니다. 우리가 숨 쉬는 공간과 호흡하는 시간은 곳곳이 사각지대이고 적신호이며 응급 사이렌 투성이입니다. 사람들의 불안을 부추길수록 장사가 더 잘됩니다. "잠가도 잠가도 불안까지 잠글 수는 없습니다"라든지, "무당도 보험을 드는 세상입니다"라는 문구를 보면 잘 알 수 있습니다.

사람들은 불안에서 도피하기 위해 생명보험, 암보험, 화재보험 등 각종 보험에 가입합니다. 보험상품은 점점 다양해지고 있습니다. 그렇다고 안전을 보장해주는 것도 아닙니다. 단지 온갖 잠금장치를 개발하고, 사람들 사이에 담과 벽을 쌓고, 미신과 이설에 믿음을 두는 정도입니다.

가장 불행한 사람은 교통사고나 질병의 사각지대가 아닌 구원의 사각지대에 사는 사람입니다. 계속 '설마'라는 불확실성에 의지하지 마십시오. 한푼 두푼 재산을 모으는 지혜를 깨달았다면 이제 영원히 사는 생명에 투자할 기회를 놓쳐서는 안 됩니다.

"사람이 소유한 감정 중에 두려움만큼 판단력을 흐리게 하는 것은 없다."
– 레츠(Retz)

사서 하는 고생

사회의 발전은 전문직과 지식인, 그리고 노동의 소중함을 아는 많은 사람들의 덕분입니다. 하지만 사회 발전에 더욱 중요한 요건은 바로 '사서 하는 고생'을 감수하는 존재들입니다. 대가와 현실을 염두에 두지 않는 이기심 없는 고생은 우리 사회의 커다란 에너지입니다.

'사서 하는 고생'은 비록 당장에는 손해를 보는 듯하나 두고두고 평생을 우려낼 만한 의미가 있습니다. 이는 부모 세대가 "젊어서 고생은 사서도 한다"고 일깨워준 덕목이기도 합니다.

특히 자원봉사와 자선사업, 결연관계 같은 '사서 하는 고생'들은 사회 건강도를 측정하는 기준입니다. 이름 없이, 빛도 없이, 음으로 양으로 헌신하는 일꾼들의 존재는 사회의 아름다움 그 자체입니다. 나에게도 젊은 날의 농촌봉사활동, 야간학교 교사, 교회 봉사 등 각종 현장체험들이 평생 영양가 높은 보약이었습니다.

자기만 아는 이기적인 삶을 공동체적 삶으로 바꾸기 위해서라도 우리 사회는 '사서 하는 고생'이란 일자리를 더 많이 창출해야 합니다.

> "다리 건설이 거기서 일하는 사람들의 의식을 풍부하게 해주지 못한다면 그 다리는 건설하지 말아야 한다. 시민들은 계속 헤엄쳐서 강을 건너거나 배로 건너는 편이 더 낫다."
> – 프란츠 파농(Frantz Fanon)

절망과 좌절

요즘 젊은이들이 대학을 졸업하고서도 사회의 높은 문턱 때문에 고민하는 경우를 종종 듣습니다. 우리 사회가 경제적으로 규모가 커졌는데도 젊은이들에게 일자리를 배려하지 못하는 현실이 안타깝습니다. 출발점에 선 자녀들에게 인생의 좌절부터 경험하게 한다고 생각하면 결코 남의 일이 아닙니다.

어릴 적에 어머니의 존재는 늘 낮은 문턱을 넘겨주시는 분이었습니다. 아이들은 어머니의 손에 이끌려 까치발을 들며 걸음마를 배웠습니다. 넘어질 때마다 일으켜주던 속 타는 마음은 돌아보니 인생의 참고서였습니다.

'모야천지(母也天只)'라는 말이 있습니다. "어머니의 마음은 언제나 열려 있는 하늘"이란 뜻입니다. 어려울 때마다 어머니를 생각하고 하나님을 바라보십시오.

"신은 모든 사람에게 골고루 갈 수 없어 어머니를 만들었다."

죽음은 출애굽

기독교에서 죽음은 개인이 맞는 출애굽입니다. 그것은 마지막이 아니라 탈출이며, 더 나아가 자유, 해방, 새로운 길을 의미합니다.

그것은 평생 자신이 메었던 멍에를 벗는 일이고, 족쇄를 늦춘다는 뜻이며, 천막의 로프를 풀어 버리는 것을 상징합니다. 위대한 믿음의 사람은 자신의 죽음을 마지막 여행이라고 고백하였습니다. 그들은 자신의 때를 알고 있었고 기꺼이 희생제물을 자처하였습니다.

누구나 죽음의 길을 갑니다. 예외는 없습니다. 어느덧 미래는 오늘이 되고, 또 오늘은 어제가 될 것입니다.

우리는 기약 없이 이 세상에 왔지만, 약속의 백성으로 세상을 떠나게 될 것입니다.

"인생은 너무나 짧은 하나님의 은총이다."
– 변선환

할머니의 치료법

나는 두 살이 되던 해에 어머니를 여의고 할머니 밑에서 자랐습니다. 할머니는 손자를 자나 깨나 정성으로 보살펴주셨습니다. 아무런 탈 없이 자라던 내 몸에 이상이 생긴 것은 초등학교 2학년 때쯤이었습니다. 걸어 다니기도 힘들 정도로 무릎이 아파왔습니다. 나중에 알아보니 무릎 뼈에서 새로 뼈가 돋아나는 병에 걸렸습니다.

할머니의 마음고생이 크셨습니다. 할머니 손을 붙잡고 병원에 가서 치료를 받고 약을 먹기도 했지만 나의 짜증은 늘어갔습니다. 어느 날 할머니는 내 무릎에 소금밥을 처맸습니다. 어디에선가 귀 동냥해온 민간요법이었습니다. 피부에 닿은 소금이 얼마나 따가웠는지 나는 견디지 못하고 자꾸 헤집어댔습니다. 할머니는 소금밥을 처맨 붕대를 매만지면서 조금만 참으면 낫는다고 달래셨습니다.

내가 잠들어 있는 사이에도 무릎의 붕대를 만지면서 기도하시던 할머니를 잊지 못합니다. 그 사랑으로 내가 존재합니다.

"사랑에는 은퇴가 없습니다."
– 마더 테레사

두 가지 위기

위기에는 두 가지가 있습니다. 정상적인 위기와 우발적인 위기입니다.

정상적인 위기는 아기의 출생, 젖을 뗀 이유기, 성장기와 사춘기, 진학, 졸업과 결혼, 정년퇴직, 노년 등 누구에게나 닥치는 인생의 단계들마다 찾아옵니다.

우발적인 위기는 예치지 못할 때 갑작스럽게 들이닥칩니다. 감원 대상이 된다든지, 암에 걸렸다든지, 사업이 실패한다든지, 화재를 당한다든지, 천재지변으로 피해를 입는다든지 하는 위기들입니다.

위기에 처한 사람들은 두 가지 반응을 나타냅니다. 하나는 부정적이고, 다른 하나는 적극적입니다. 전자가 삶을 파편화한다면, 후자는 더 나은 삶을 창조합니다. 위기는 내 사정과 형편을 가리지 않습니다. 그러나 위기를 관리하는 과정에서 인생은 성장하고 완숙해집니다. 위기는 언제나 배움의 과정이기 때문입니다.

"위기가 중요한 것은 도구를 바꿔야 할 때가 되었음을 암시하기 때문이다."
– 토마스 쿤(Thomas S. Kuhn)

금광의 나귀

서부개척시대 하면 멋진 백마가 떠오릅니다. 그런데 늠름한 말보다 더 중요한 역할을 한 것은 볼품없는 나귀였다고 합니다.

금광에서 일하는 광부는 동반자로 말보다 나귀를 선택하였습니다. 황야의 굽은 길, 미끄러운 강가의 돌길을 걷는 데 말의 발굽은 익숙하지 않았기 때문입니다. 나귀는 그 당시 가장 가치 있는 금가루와 금괴를 나를 수 있는 유일한 짐승이었습니다.

서양에서는 이름 없이 선행하는 봉사자들을 가리켜 나귀라고 호칭합니다. 나귀의 직분은 가장 명예로운 별칭인 셈입니다. 그래서인지 나귀의 건장한 어깨 사이에 있는 독특한 검은 무늬를 '십자가 징표'라고 불렀습니다.

예수님께서 예루살렘에 입성하실 때 장군의 말이 아니라 농부의 나귀를 타신 일은 유명한 에피소드입니다. 보물은 오직 신실한 나귀에게만 맡길 수 있는 법입니다.

"이웃에 봉사하기 위하여 물품을 사고파는 사람들은 덕을 행하는 자들이다."
– 토마스 아퀴나스(Saint Thomas Aquinas)

용골

 대형 조선소에서는 건조 작업이 진행 중인 선박들을 볼 수 있습니다. 거대한 몸통을 드러낸 커다란 배를 보면 앞부분이 주둥이처럼 툭 튀어나와 있습니다. 목적지에 빨리 가려면 몸을 가볍게 해야 하는데 오히려 무거운 쇳뭉치를 달고 있으니 배는 꽤나 역설적인 몸 구조를 하고 있는 셈입니다.
 이 부분을 '용골'이라고 부릅니다. 풍랑을 만난 배가 기우뚱하더라도 곧 제자리로 되돌아오도록 오뚝이 기능을 합니다. 용골이야말로 희망의 중심입니다.
 우리 역시 인생의 망망대해에서 때로는 순풍을 만나고 때로는 풍랑을 헤쳐 나갑니다. 여러분은 인생의 바다에서 기우뚱거릴 때마다 중심을 바로잡아주고, 넘어질 때마다 다시 일어설 용기를 주는 용골을 가지고 있습니까?

"가장 깊이 침묵하는 사람이 가장 크게 외칠 수 있다."

가출

가출하는 청소년들이 늘고 있습니다. 교회가 운영하는 쉼터를 방문하면서 알게 된 사실은, 그들에게 필요한 것은 다름 아닌 가정이라는 점입니다. 가정을 뛰쳐나온 아이들에게 가정이 가장 필요하다니 역설입니다.

"자녀들이 왜 도망칠까?" 하는 질문에 대해서 심리학자 윌리엄 스프링(William Spring)은 "마음에 안 들고 이해할 수 없는 가정환경에 대해 아이들이 말로 표현할 능력이 없기 때문에 행동으로 표현하는 것이 가출"이라고 지적하였습니다.

대부분의 가출 소년 소녀 들은 빵이 아니라 사랑에 굶주려서 나그네의 길을 택했다는 것입니다. 그들에게 어머니의 사랑이 필요합니다. 그들에게 어머니의 존재는 얼마나 귀합니까?

아플 때도, 외로울 때도, 잘못했을 때도 어머니의 품에 돌아가면 용서가 있고 평안이 있습니다. 실패해도, 성공해도 돌아갈 고향인 어머니의 존재는 우리에게 희망입니다.

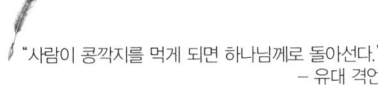
"사람이 콩깍지를 먹게 되면 하나님께로 돌아선다."
– 유대 격언

가정의 변화

가정이 빠른 속도로 변화하고 있습니다. 호적법 폐지 같은 제도 변화와 함께 전통적인 가족공동체가 근본적으로 달라지고 있습니다.

예전의 가정은 아버지와 맏아들 중심이었습니다. 이제 가족 형태의 변화로 어른이나 사내아이가 아니라 구성원 각자가 중심이 되었습니다. 이를 두고 사회학자들은 자기중심적인 삶의 지향 같은 가치관의 변화를 가져왔다고 평가합니다.

또한 우리나라 가정 통계 보고서에 따르면 이혼이 급증하고 있습니다. 이제는 주례할 때 '백년가약(百年佳約)'이나 '검은 머리가 파뿌리 되도록' 등의 덕담조차 신중하게 사용해야 할지 모릅니다. 더 나아가 출산율 급감은 우리 사회의 미래를 불안하게 만듭니다. 사회의 기본 바탕인 가정의 해체와 새로운 가족 형태의 출현으로 근본이 흔들리는 듯합니다. 에덴동산에서 최초의 공동체를 이룬 가정은 그 자체로 낙원이었습니다.

> "집 안방에 있는 네 아내는 열매를 많이 맺는 포도나무와 같고 상에 둘러앉은 네 아이들은 올리브 나무의 묘목과도 같다."
> – 《성경》 시편 128:3

만복의 근원 하나님

우리나라 사람들은 복(福)이란 말을 참 좋아합니다. 우리나라 찬송가 제1장은 〈만복의 근원 하나님〉입니다. 사실 서양인이든 동양인이든 복을 마다할 사람은 없습니다.

복을 운명론으로 이해해온 사람들은 습관적으로 잘되는 일과 잘못되는 일을 모두 복과 연관시키면서 살아갑니다. 사람의 능력은 언제나 부족하고 마음먹은 대로 이루어지는 일도 별로 없으며 닥쳐올 미래는 불확실하기 때문입니다.

축복은 삶을 증진시키고 보존하는 힘을 넘겨준다는 뜻을 담고 있습니다. 히브리 사상에 따르면 축복은 복을 빌어준 사람이 얼마나 중요한 인물인지에 따라 효력이 있습니다.

궁극적으로 복을 주시는 분은 하나님이십니다. 기독교 신앙에서 복이란 임마누엘, 즉 '하나님이 우리와 함께하심에 대한 자각'입니다. 풍성한 생명의 비결이 바로 여기에 있습니다.

"복 있는 사람에게는 우연히 일어나는 일이 많다. 뜻밖의 소식은 늘 우연처럼 다가온다."

SOS

누구나 살다 보면 남의 도움이 필요할 때가 있습니다. 나를 향해 손을 내미는 SOS를 외면하지 않는 것은 윤리적 의무입니다. 사람의 일이란 늘 역지사지(易地思之)해야 하는 것 아닐까요?

국제무선 구조신호인 SOS는 'Save Our Ship' 혹은 'Save Our Souls'의 약칭입니다. 배에서 보내온 조난신호의 긴급성은 파멸해 가는 영혼의 구원 요청과도 어울립니다. 무엇보다도 경제적 빈궁에 대한 긴급한 도움 요청은 인간의 존엄성과 인격에 관련된 문제입니다.

노벨 평화상 수상자인 방글라데시의 무하마드 유누스(Muhammad Yunus) 박사는 훌륭한 모델이 되었습니다. 그는 그라멘 은행(Grameen Bank)을 세워 가난한 사람들에게 신용으로 돈을 대출해 주었고, 이 일을 통해 빈곤 탈출의 길을 가르쳐주었습니다. 평생 삶의 도구인 낚시와 그물이 당장의 음식인 물고기보다 귀한 법입니다.

우리를 향한 탈북자들의 SOS가 급하게 들립니다. 잊어버리기 쉬운 임시적인 방편보다 더불어 사는 삶의 방식을 고민할 때입니다.

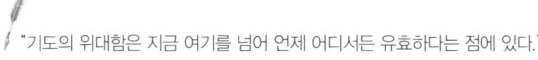

"기도의 위대함은 지금 여기를 넘어 언제 어디서든 유효하다는 점에 있다."

부활신앙

예로부터 우리나라 사람들은 죽은 사람과 산 사람 사이에 별로 거리를 두지 않았습니다.

어릴 적에 동네에서 상여 나가는 모습을 본 일이 있습니다. 상여꾼들은 선창에 따라 "북망산 멀다더니 냇물 건너 북망산이로구나" 혹은 "문전옥답 서 마지기 날 가물면 어이 잠 이룰꼬" 하고 향도가를 부릅니다. 이승과 저승 사이가 겨우 냇물 하나요, 죽은 혼백이 되었어도 산 사람처럼 날이 가문 것을 염려합니다. 이처럼 죽음과 삶이 가깝게 표현되었다는 것은 우리 조상들이 죽음을 삶 가운데에서 이해했다는 증거이기도 합니다.

우리에게 죽음 이후의 삶에 대한 신앙은 거의 없습니다. 우리 속담에 "개똥밭에 굴러도 이승이 좋다"든지, "저승 백 년보다 이승 일 년이 낫다"는 표현은, 죽음이 부정한 것이며 이승의 좋은 것을 빼앗는 나쁜 것임을 분명히 하고 있습니다.

죽음은 모든 사람들에게 가장 큰 관심사입니다. 죽음에 대한 공포, 불안, 고통에서 자유로운 사람은 아무도 없습니다. 그러나 부활을 믿고 축하하는 신앙은 기독교 이외에는 찾아보기 힘듭니다.

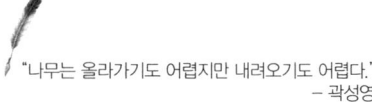
"나무는 올라가기도 어렵지만 내려오기도 어렵다."
– 곽성영

주께서 나와 함께

시편 23편을 보면 "여호와는 나의 목자시니"라고 시작하는 성경 구절이 있습니다.

"내가 사망의 음침한 골짜기로 다닐지라도 해를 두려워하지 않을 것은 주께서 나와 함께하심이라."

성경에 따르면 복은 "하나님이 나와 함께하심에 대한 자각"입니다. 불신자는 아무리 성공하고 번영하여도 하나님이 함께하심을 믿지 않습니다. 그러나 그리스도인은 실패하고 또 죽음이 닥쳐올지라도 하나님이 함께하신다는 생각을 갖고 있습니다.

감리교회의 창시자 존 웨슬리는 평생 수많은 설교와 명언을 남겼지만, 그의 묘비에 새겨진 것은 "가장 좋은 것은 하나님이 나와 함께하심이라"였습니다.

진실로 복 있는 사람은 하나님의 이름을 자랑하는 자입니다. 그 이름을 높이 부르고, 동행하심을 노래합니다. 이러한 믿음은 바로 하나님의 약속대로 살아가게 합니다.

"유대인이 안식일을 지켜온 것이 아니라 안식일이 유대인을 지켜왔다."
– 《탈무드》

희망의 정의

누구나 희망을 말하지만 희망에 대해 쉽게 정의 내리지는 못합니다. 아리스토텔레스(Aristoteles)는 희망을 가리켜 "깨어 있는 자의 꿈"이라고 했습니다. 참으로 적절한 말입니다. 또 괴테(Goethe)는 "희망은 제2의 영혼"이라고 정의했습니다. 성경은 무엇이라고 말할까요? 호세아는 예언서에서 "희망이란 하나님을 바라는 것, 하나님께 마음을 돌리는 것"이라고 주장합니다.

"너희는 하나님께 돌아오너라. 사랑과 정의를 지키며 너희 하나님에게만 희망을 두고 살아라."

그래서 그리스도인은 희망을 전달하는 책임을 지닌 존재입니다. 달콤한 희망이나 잠자는 자의 꿈은 전하기가 쉽지만 고난 속의 희망과 깨어 있는 자의 꿈을 전하는 일은 두려운 사명입니다. 예언자들은 절망 속에서 희망을 증거하는 사람들입니다. 절망적인 현실에서 희망을 말하는 것이 예언의 능력입니다. 모두 좌절하고 눈 앞이 캄캄하다고 할 때 희망을 말하는 것은 참용기입니다.

"눈을 뜨고 있는 자에게는 공통의 길이 열려 있다.
그러나 잠자고 있는 자는 누구나 자기 세계만을 바라본다."
– 헤라클레이토스(Heracleitos)

차차마귀

하나님의 달력은 '오늘' 시점인데 마귀의 달력은 '내일' 시점이라고 합니다. 그래서 마귀는 우리에게 "내일 해라", "내일로 미뤄라" 하고 부추깁니다. 이런 마귀를 우스개로 "차차(次次)마귀"라고 부릅니다.

사람들은 오늘을 살면서 내일까지 염려합니다. 사실은 미리 염려하는 경우가 대부분입니다. 걱정과 근심이 떠날 날이 없습니다. 근심이 없는 사람은 없습니다. 그러나 불필요한 걱정에 매달려 10시간을 낭비하는 사람보다 단 10분이라도 기도하는 사람이 지혜롭습니다.

예수님은 "내일 일을 위하여 염려하지 말라. 내일 일은 내일 염려할 것이요, 한날 괴로움은 그날에 족하니라" 하십니다. 더 정확히 말하면 "내일 일은 내일이 염려한다"는 의미입니다. 믿음이 건강할 때 희망이 병들지 않는 까닭은 결국 모든 삶의 배후에 하나님이 계시기 때문입니다.

"생각하기에 따라 이랑이 고랑 되고 고랑이 이랑 되는 법이다."
– 한국 속담

목숨을 걸 원칙

개신교는 1517년 10월 31일 독일 아우구스티누스 수도회의 수도사였던 마틴 루터가 비텐베르크(Wittenberg) 성(城) 교회 문에 아흔다섯 가지의 문제제기를 하면서 비롯되었습니다. 현대 유럽의 정치 지형은 이후 벌어진 개혁의 과정에서 재구성된 것입니다.

'개신(改新)'이란, 말 그대로 신앙의 원칙을 회복한다는 의미입니다. 그러므로 믿음보다 행위가 신앙의 표준이 되거나, 하나님의 은총보다 인간의 노력이 중시되거나, 성서보다 교회의 권위가 우선시되는 것은 신앙의 원칙에서 벗어납니다.

그 당시 가톨릭교회가 몰랐을 리 없었겠지만 이 신앙원칙을 에워싸고 있는 옷들이 너무 두꺼워 원칙이 파묻힐 지경에 이르렀습니다.

옷을 벗기는 데는 용기가 필요했습니다. 가톨릭 교회만이 원칙의 칼자루를 쥐려 했기 때문입니다. 신앙의 원칙을 말한다면 칭찬 들을 일이건만 당시 종교개혁가들은 죽음을 각오해야 했습니다.

지금도 우리는 원칙을 반복하지만 다만 누구도 목숨까지 걸 만큼 위기의식을 못 느끼는 데 문제가 있습니다.

"당신들의 시계에 낀 먼지를 닦으시오. 당신들의 시계는 한 세기나 늦습니다."
– 알렉산드르 솔제니친(Aleksandr Solzhenitsyn)

감사의 마음

그리스도인의 삶의 태도에서 나타나는 가장 큰 특징은 감사입니다. 감사는 한마디로 '과분한 마음'입니다. 그러나 감사하는 마음을 갖기가 그리 쉽지 않습니다. 그 공을 자신의 투자나 능력이 아니라 다른 이유로 돌리는 일이기 때문입니다.

"내 것은 다 하나님에게서 왔다"는 고백에서 감사의 정신은 출발합니다. 갑작스러운 횡재나 행운은 감사의 요건이 못 됩니다. 감사는 눈물을 흘리며 씨를 뿌리러 나간 이들에게 적절한 덕목입니다.

감사는 보상하려는 마음이나 응분의 대가를 치르려는 자세가 아닙니다. 성숙한 영적인 열매는 저절로 자라나지 않습니다. 운동선수는 연습량에 따라 승패가 갈리고 기능공은 훈련의 반복에 따라 성취가 달라지듯이 그리스도인의 감사 역시 훈련이 필요합니다. 특히 행복에 겨울 때보다, 시험과 어려움 속에서 더 잘 연단됩니다.

감사는 자기 자신의 고마움으로 그칠 수 없습니다. 내 가정은 물론이고 이웃과 세상을 향해 그 기쁨을 나눕니다.

"가난함은 '다르게 욕망하는 법을 배우는 것'이다."
– 김종철

정치인의 무덤

　흔히 정치인들의 말은 부활 소식만큼이나 믿기 어렵다고 합니다. 예전에 비해 사회는 많이 발전하고 정직해졌습니다만 정치는 여전히 비난의 대상입니다. 정치인들은 예외 없이 욕심과 오만으로 가득 차 있습니다. 그들은 비워냄으로써 더 풍성한 생명을 얻는다는 부활의 진리와 거리가 먼 존재들처럼 보입니다. 지금은 자기 비움이나 덜어냄이 시대정신인데도 우리가 만나는 정치인들은 웰빙이나 윈윈(Win-Win) 정치와는 전혀 상관없어 보입니다. 수단과 방법을 가리지 않고 반드시 이겨야만 하는 어거지 정치는 이제 달라져야 합니다.

　절박한 처지에 놓인 것은 국민의 민생 이전에 정치 현실입니다. 세상이 달라졌습니다. 부활신앙을 지닌 그리스도인 정치인이라면 자신의 무덤을 깨고 나와야 합니다.

"우리 사회의 주류는 기득권을 가진 사람이 아니라 시대정신을 지닌 사람들이어야 한다."

대~한민국

한국의 스포츠 실력이 부쩍 향상되었습니다. 특히 2002 월드컵과 베이징 올림픽을 통해 그 기대치가 한껏 높아졌습니다. 우리가 아직 가난했던 시절에는 응원도 즐기지 못한 채 악만 쓰기 일쑤였습니다.

오래 전 미국의 어느 도시에서 한국과 미국의 농구 경기가 열렸습니다. 대부분 미국 응원단인 관객은 "USA, USA"를 연호하며 박수를 쳤습니다. 애국심으로 응원을 나온 한국인 동포들은 "아리랑, 아리랑"이 고작이었습니다. 안타깝게도 하염없이 처지는 아리랑 가락은 숨 가쁘게 진행되는 농구 경기에는 어울리지 않았습니다.

그런데 갑자기 누군가 "죽여라, 죽여라" 하고 구호를 외쳤습니다. 모두들 어찌나 일사불란하고 힘차던지요. 듣고 보니 참 서글픈 이야기입니다.

"대~한민국!"

이제는 얼마나 당당하고 즐거운지 우리의 놀라운 성장이 자랑스럽습니다.

> "한국 대표팀은 체력은 강한데 정신력이 약하다. 죽어라 뛰어다니는 것이 정신력이 아니라 승리에 대한 자신감과 의지가 진짜 정신력이다."
> – 거스 히딩크(Guus Hiddink)

말아톤

　영화《말아톤》을 보면서 몇 번이고 눈물을 닦았습니다. 고맙기까지 했습니다. 그리고 장애인에 대한 우리 사회의 편견을 조금이라도 벗겨줄 것을 기대했습니다.

　영화가 관객 5백만 명을 돌파한 후에 신자인 정윤철 감독을 초대하여 아름다운 성취를 축하하고 위대한 결실을 치하하였습니다.

　정윤철 감독과 대화하면서 장애인 영화는 아무나 만드는 것이 아니구나 하는 생각이 들었습니다. 영화감독에게는 재능과 상상력도 중요하지만 무엇보다도 사람을 소중히 여기고 사랑하는 마음이 앞서야 진실로 감동을 주는 영화를 만들 수 있겠구나 하는 생각이 들었습니다. 그는 자폐아의 성공사례 보다는 장애인과 그 가족이 겪는 현실의 아픔과 걱정거리, 두려움, 암담함을 그려내고자 했답니다.

　영화《말아톤》처럼 장애인의 삶이 그토록 드라마틱하면 얼마나 다행이겠습니까? 이제 우리 자신이 영화감독이 되어 장애인의 친구가 되는 따뜻한 드라마를 만들어야 합니다.

"이 세상에서 가장 위험이 큰 미개발 지역은 바다나 육지가 아니라 인간의 머리와 마음속에 있다."
− 크랙스톤(Craxton)

7
세상을 밝히는 1분

웨슬리 경제생활 규칙

존 웨슬리 목사는 그리스도인의 경제윤리를 체계화한 사람으로 잘 알려져 있습니다.

그는 경제적 재화에 대한 개인의 입장뿐만 아니라 사회적 영역까지 다루었는데 이는 영국의 정치경제에 큰 영향을 미쳤습니다. 웨슬리는 1748년 한 설교에서 그리스도인의 경제생활에 대한 '세 가지 간단한 규칙'을 정하였습니다.

"가능한 한 많이 벌어라."
"가능한 한 많이 저축해라."
"가능한 한 많이 나누어라."

경제적인 소득 추구와 함께 사유재산의 사회적 의무를 주장한 웨슬리는 '불의한 맘몬'도 신실하게 관리할 사람이 필요하다고 했습니다.

그러면서 '많이 벌고' '많이 저축하는' 두 가지 규칙은 지키면서 '많이 나누는' 세 번째 규칙을 따르지 않는 사람은 '무신론적'이라고 단정하였습니다. 인간의 사유권보다 더 높은 하나님의 소유권을 강조하였던 것입니다.

"경건한 자는 하나님의 관심 아래 있다. 그는 지도자도, 부자도, 아름다운 자도, 힘 있는 자도, 의로운 자도 아닌 하나님과 언약에 충실한 사람을 말한다."

아무것도 하지 않은 죄

영화 《로베레 장군》은 꽤 오래 여운을 남겼습니다.

유대인 청년들이 민족의 독립을 위해 저항운동을 펼치다가 감옥에 잡혀 들어갑니다. 그중에 건달 하나가 같이 잡혔습니다. 그는 혼자 불평을 늘어놓았습니다.

"나는 아무 일도 하지 않았습니다. 나는 유대인도 아닙니다. 레지스탕스 운동을 한 일도 없습니다. 그런데 왜 내가 이 고생을 해야 합니까? 나는 정말 아무것도 하지 않았습니다."

그때 유대인 청년 하나가 그를 향해서 대꾸합니다.

"정말 당신이 아무 일도 하지 않았다면 그것이 바로 당신의 죄입니다. 왜 당신은 아무것도 하지 않았습니까? 5년 전부터 이 땅에는 전쟁이 일어났습니다. 몇백만의 사람들이 죽었습니다. 수많은 도시가 파괴되었습니다. 그런데 당신은 도대체 무엇을 하였습니까? 당신의 죄는 한마디로 아무것도 하지 않은 것입니다."

내가 왜곡된 현실 속에서 몸부림치는 젊은이들을 편드는 이유이기도 합니다.

"기도하려고 두 손을 모으는 것은 세상 불의에 대한 항쟁의 시작이다."
— 칼 바르트

요한 갈퉁의 평화

한국을 방문한 노르웨이의 평화학자 요한 갈퉁(Johan Galtung) 박사를 만나 이야기를 나눌 기회가 있었습니다.

요한 갈퉁은 세계적인 학자이면서 분쟁지역에 적극적으로 개입하여 화해의 메시지를 전하는 평화전도사이기도 합니다. 그는 "평화란 전쟁이 없는 상태만이 아니라, 개인적이고 구조적으로 폭력이 없는 상태를 의미한다"면서 평화의 개념을 확장했습니다.

유네스코 헌장은 "전쟁은 인간의 마음에서 생기는 것이므로 평화 옹호가 인간의 마음속에 건설되지 않으면 안 된다"고 지적합니다.

우리는 먼저 내 마음에 화해의 씨앗을 뿌리고 잘 키워내야 합니다. 한반도의 남북관계든, 아프리카의 인종분쟁이든, 양극화 시대의 경제 갈등이든 가장 중요한 열쇠는 바로 화해이고, 화해 위에 건설된 평화입니다.

샬롬! 곧 평화는 하나님의 이름입니다.

" '폭력 수단에 의한 평화'는 좀더 빠르고 간단하고 화끈하고 통쾌하게 '평화'를 가져다줄 것이다. '평화 수단에 의한 평화'는 그 반대다. 평화는 목표이면서 수단이다."
– 요한 갈퉁

억사모

예전에 어느 신문에서 '억사모'라는 조직에 대한 기사를 읽은 일이 있습니다. 이름처럼 내용이 특이하여 오래 기억에 남았습니다.

억사모란 '억울한 사람들의 모임'의 준말입니다. 세상 살면서 억울한 일을 겪는 사람들을 자주 만납니다. 누구도 그 눈물과 한숨을 대신 가려주기 어렵습니다.

예수님은 한 사람의 영혼이 천하보다 귀하다고 말씀하셨지만 사람들은 종종 파리 목숨에 비교됩니다. 사람에 대해 함부로 말할 수는 없습니다. 누구나 하나님의 형상을 하고 있기 때문입니다.

우리나라 인권지수가 꽤 높아졌습니다. 그 결과 제도적 장치로 국가인권위원회가 설치되었고, 이제 억사모에 모인 사람들이 기댈 언덕이 될 것입니다. 한국 사회는 더디지만 꾸준히 발전하고 있습니다.

사람의 눈물, 그것은 예수님의 가장 커다란 관심사였습니다.

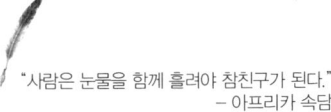

"사람은 눈물을 함께 흘려야 참친구가 된다."
– 아프리카 속담

과속이 선(善)인 사회

우리나라 사람들은 어려서부터 경쟁을 강요받았습니다. 그래서인지 어른이 되어서도 마치 경주하듯 바쁘게 살아갑니다.

외국인도 한국인의 "빨리빨리"가 무엇을 뜻하는지 이해합니다. 사업도, 자녀교육도, 인간관계도 온통 경쟁입니다.

미국의 사회심리학자인 로버트 레비(Robert Levy)는 세계 여러 문화권마다 시간관념이 다르다는 점에 착안하여 '시간 지도'라는 흥미로운 연구 결과를 발표하였습니다. 레비 교수는 세계 31개국을 직접 방문하여 공공장소에 걸린 시계의 정확도를 조사하였다고 합니다. 그 결과 1위는 스위스였고, 꼴찌는 인도네시아였습니다. 한국 시계의 정확도는 중간인 16위로 나타났습니다.

한국 사회의 시간 지도는 그다지 빠르지도 늦지도 않지만 개인이 느끼는 속도가 빠른 모양입니다. 언제까지 과속이 선(善)이 되는 사회를 되풀이해야 할지, 모두가 알면서도 고치지 않는 건 우리의 중병입니다.

"인내는 희망의 예술이다."
– 프리드리히 슐라이어마허(Friedrich Schleiermacher)

코끼리와 쥐꼬리

흔히 큰 것과 작은 것을 비유할 때 '코끼리'와 '쥐꼬리'를 인용합니다. 거대한 코끼리인 매머드에서 파생한 '맴머니즘'이나 '쥐 꼬리만 한 월급' 따위의 말은 크기와 규모 중심의 세계를 잘 요약하고 있습니다.

현대의 맴머니즘은 욕망의 코끼리처럼 사람의 관심을 온통 규모와 물량으로 판단합니다. 슈퍼맨 같은 초인간과 초능력을 신앙으로 삼는 현대인들에게 '쥐꼬리'는 실패와 좌절의 상징입니다.

현실주의와 규모의 논리로 무장한 현대인들에게 성경의 세계가 흥미롭지 않은 것은 당연합니다. 하나님은 사람의 필요에도 턱없이 모자라는 작은 것들에 특별한 애정을 보이시기 때문입니다. 예수님께서 비유로 들었던 참새 한 마리, 들꽃, 물 한 모금, 어린아이, 그리고 겨자씨 한 알이 좋은 보기입니다. 이러한 이름들은 물량적인 불안에 사로잡혀 살아가는 사람들을 향한 하나님의 위로입니다.

"작은 것이 아름답다."
– 슈마허(Kurt Schumacher)

할로윈

　지방자치시대 이후에 지역마다 다양한 축제가 열리고 고유한 전통을 회복하기 위해 애쓰고 있습니다. 기독교 역시 성탄절과 부활절 등 축절들이 있지만 대부분 서양의 전통에서 들어온 것이어서 우리나라 문화에 접목시키는 일이 쉽지 않습니다.
　그렇다고 엉뚱한 풍속이 들어와 신앙 전통과 문화를 어지럽히는 일은 마땅히 경계해야 합니다. 할로윈의 밤이 대표적입니다.
　할로윈(Halloween)의 밤은 유럽에서 지켜온 '만성절(All saints day)', 곧 '모든 성인의 날'이 미국으로 건너가서 변형된 것입니다. 할로윈의 밤이 10월 31일이고 만성절이 11월 1일인 것을 보면 그 연관성을 짐작할 수 있습니다.
　사람들은 노란 호박으로 꾸민 등불을 준비하고 온갖 서양 귀신으로 분장합니다. 그리고 장난스럽게 협박하여 사탕과 초콜릿을 빼앗으면서 즐깁니다. '모든 성인의 날'을 앞둔 밤에 저마다 차려 입은 귀신의 모습에서 발견하는 것은 축제의 상품화입니다.
　경건한 삶은 마음과 몸에 커다란 유익입니다. 우리는 노란 호박이 아니라 어두워가는 영혼에 등불을 켜야 합니다.

"어둠을 쫓으려면 촛불을 켜고 도깨비를 만나면 등불을 밝혀라."

육체의 풍년

요즘 우리 사회를 보면 적어도 먹는 것에 관한 한 궁색함이 없습니다. 보릿고개를 겪은 어른들의 눈에는 고생을 모르고 자란 세대들의 음식 타박이 불안하기까지 합니다. 더 이상 음식에 대한 경외감은 사라졌습니다. 우리가 발견한 것은 비만해진 자신입니다.

현대인들의 육체는 풍년을 만났습니다. 우리는 영양 초과가 주 원인이 된 온갖 현대병을 염려하게 되었습니다. 그러나 영혼의 흉년을 걱정하는 이들은 많지 않습니다. 7년간의 풍년 기간에, 앞으로 찾아올 7년의 대기근을 준비했던 요셉의 지혜가 필요한 때입니다.

우리는 세상의 풍요로움 때문에 외려 자신의 온전함을 잃지 않도록 영적 양식을 갈무리할 줄 알아야 합니다. 비록 결함과 흠, 연약함과 불완전함일지라도 하나님 앞에 내려놓음으로써 우리는 비로소 참경건과 참사랑의 힘을 얻을 수 있습니다.

"육신의 눈이 먼 것보다 마음의 눈을 잃은 사람이 더욱 무섭다."
– 《탈무드》

네 개의 초

성탄을 기다리는 대림절은 본래 '도착하다'라는 뜻입니다. 누군가를 애타게 기다려본 사람이라면 그 의미를 실감할 수 있습니다. 기다리는 사람은 설렘과 초조함, 반가움으로 서성거립니다. 그리움으로 아기 예수님의 탄생을 기다리는 것입니다.

대림절 4주 동안에 네 개의 초에 한주 한주 촛불을 켜나가는 이유가 여기에 있습니다. 하나, 둘, 셋, 넷 차례차례 불을 밝히며 기다림의 의미를 극대화합니다.

그래서 대림절 네 개의 초를 예언의 초, 베들레헴의 초, 목자의 초, 천사들의 초라고 부릅니다. 2천 년 전 아기 예수님의 탄생을 회상하고, 우리 마음과 삶의 현장에 참여하시는 그리스도를 영접하며, 장차 오실 영광의 하나님을 기다리는 것입니다.

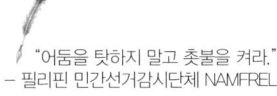
"어둠을 탓하지 말고 촛불을 켜라."
– 필리핀 민간선거감시단체 NAMFREL

산상수훈

인간의 세 가지 욕망은 오래 살기, 부자 되기, 복수하기라고 합니다. 사람들은 너무나 쉽게 상처받고 또 보복할 마음을 품습니다. 물질적으로 크게 넉넉해졌지만 사람살이에 관용과 배려가 설 땅은 비좁아졌습니다. 사람들의 내면에 평안이 없고 서로 평강을 북돋우지 않으며 평화를 외면했기 때문입니다. 평화는 삶의 바탕인데 사람들은 평화를 추구하는 일을 뒤로 미루어두었습니다.

예수님께서는 산상수훈에서 평화를 위해 일하는 사람은 하나님의 자녀라고 말씀하십니다. 복음은 평화의 옷을 입고 있는데도 우리 시대 교회들은 산상수훈의 말씀을 소홀히 합니다. 디트리히 본회퍼는 "평화란 그리스도의 오심으로 곧바로 주어진 계명이다"라고 하였습니다.

한국정교회 본부 교육관 벽에 이런 글이 쓰여 있습니다.

"평화를 찾아라. 네 주위의 많은 사람들이 구원을 얻을 것이다."

우리는 말씀을 좇아 평화를 만드는 사람으로 초대받았습니다.

"기독교 최대의 이단은 교리상 이단이 아니라 형제를 사랑하지 않는 것이다."
– 알베르트 슈바이처(Albert Schweitzer)

십자가 매매

종교개혁가 마틴 루터는 "십자가 없이 기독교는 아무것도 아니다"라고 말하였습니다. 십자가를 바라보는 사람들은 저마다 자기 눈으로 이해합니다.

사람들은 고통과 아픔이 많은 세상에 살기에 십자가에서 만사형통의 신비를 찾고자 했습니다. 그런 까닭에 구원의 신비는 사라진 채 때로는 십자가가 값싼 부적으로 취급받기도 합니다.

초대교회인 2세기 무렵 십자가의 효험에 대한 소문이 자자했다고 합니다. 사람들 사이에서 얼마나 극성스럽게 수집되고 매매되었는지, 교부 테르툴리아누스(Tertullianus)는 이런 우려를 했다고 합니다.

"예수님이 매달리셨다고 주장하는 십자가를 다 모으면 폐허가 된 예루살렘을 재건할 수 있을 정도다."

우리는 십자가를 잃어버린 시대에 살고 있습니다. 우리가 십자가를 외면한 까닭에 오늘날 교회는 진리를 상실하게 될 위기에 직면했습니다.

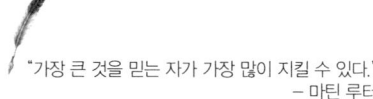
"가장 큰 것을 믿는 자가 가장 많이 지킬 수 있다."
– 마틴 루터

야곱의 축복

〈당신은 사랑받기 위해 태어난 사람〉이란 노래는 대중가요만큼이나 유명합니다. 〈야곱의 축복〉이란 복음성가도 널리 불립니다. 사람들은 노래를 부르며 상대를 향해 두 손을 펼칩니다. 서로를 향해 기쁜 마음으로 축복하는 모습은 참 보기 좋습니다.

사람들은 누구나 축복을 기대합니다. 축복하는 사람은 당당합니다. 애굽의 총리 요셉이 아버지 야곱을 왕 바로에게 인도했을 때, 야곱은 왕을 향해 축복하였습니다. 그는 바로의 왕궁에서 물러나올 때도 다시 왕을 위해 축복하였습니다.

축복은 무엇입니까? 성경에 따르면 축복은 삶을 증진시키고 보존하는 힘을 넘겨주는 것입니다. 아브라함은 복의 근원이요, 이삭과 야곱은 복의 대명사가 되었습니다. 복을 주시는 분은 궁극적으로 하나님이시지만 믿음을 지닌 사람들은 축복의 통로가 되었습니다. 하나님께서는 사람의 말과 손을 빌려 복을 전하게 하셨습니다.

서로 축복합시다. 축복하는 사람, 그는 하나님과 동행하는 사람입니다.

"축복하라. 그 축복의 말이 그에게 가지 않으면 내게 돌아온다."
– 김진호

인류 생태계

종교개혁가 마틴 루터는 "하나님은 성경에만 복음을 기록하신 것이 아니라 나무, 꽃, 구름, 별에도 기록하셨다"고 하였습니다. 자연을 사랑하고 생태적 생활습관을 지닌 사람이라면 하나님의 섭리에 가까운 생활태도를 지녔다고 말할 수 있습니다.

우리는 자연 생태계와 함께 파괴된 인류의 생태계를 위해 관심을 기울여야 합니다. 그것은 한마디로 공동체성입니다.

카인의 후예들이 에덴의 동쪽으로 이주한 후에 인간은 자연을 거슬렀고, 그 결과 아름다운 삶의 터전은 가시덤불로 뒤덮였습니다. 젖과 꿀이 흐르는 땅은 피와 땀이 솟는 슬픔과 고통의 대지로 바뀌었습니다. 인류가 하나님의 창조 질서에 순종하지 않고 자연을 거슬러 이제 자연의 보복을 목전에 두게 되었습니다.

태초에 하나님이 창조하신 것은 단지 물질세계가 아닙니다. 그 이전에 바로 기쁨이고, 좋음이었습니다. 그것은 우리가 꼭 회복해야 할 하나님의 선물입니다.

"악은 싹이 트고 꽃을 피우되 결코 열매를 맺지 못한다."
– 제임스 러셀 로웰(James Russell Lowell)

나부터 지구 살리기

태안 앞바다의 기름 유출 사고는 커다란 교훈을 남겼습니다. 현장을 방문하니 한심하더군요. 검은 기름이 배어 나오는 바위를 닦으면서 내 마음도 닦았습니다.

남의 잘못만 탓할 일이 아닌 것이 만약 환경의식이 없다면 나 역시 일상적으로 저지르는 범죄이기 때문입니다. 태안의 경우도 인간이 저지른 사소한 실수가 발단이 되었지만, 결과적으로는 서해의 환경재앙으로 확대되었습니다.

이제 지구 살리기는 구호나 이벤트로 이루어지는 것이 아니라 생활운동이 되어야 합니다. 이는 정치인과 시민운동에만 맡길 일이 아니라 우리 자신이 결단을 내리고 작심해야 할 의무입니다.

특히 그리스도인에게는 신앙의 일부이며 고백에 따른 사명이 되어야 합니다. 하나님의 창조 질서를 내 생활 속에서 체험해가는 일, 그것은 생명을 존중하고 풍성하게 만드는 예배 행위입니다.

"교인은 환경을 사랑하고 보존하는 일에 솔선수범한다."
– 감리교회 〈교리와 장정〉

두 개의 크리스마스

존 데이비드(John David)는 두 개의 크리스마스가 있다고 했습니다. 하나는 진짜 크리스마스이고, 또 하나는 X-마스입니다.

X-마스에서 'X' 자는 원래 헬라어 '크리스토스'의 첫 글자 '키'인데 영어로 '엑스'라고 읽는 바람에 X-마스가 되었습니다. 수학에서는 X가 미지수를 의미하고 O, X의 경우에는 틀렸다는 뜻도 됩니다. 결국 약자로 쓰인 크리스마스가 불가사의한 날처럼 불리게 되었으니 큰 유감입니다. 사실 우리가 성탄의 의미를 바르게 이해하지 못할 때 크리스마스는 미지수의 날이 됩니다.

첫 성탄일과 마찬가지로 지금도 해산할 날이 가까운 산모는 머물 곳이 없습니다. 몸을 녹일 곳도, 쉴 곳도 없습니다. 권력에 눈이 어두운 오늘의 헤롯들이 아기를 해치려고 합니다. 해마다 아기 예수님이 우리를 찾아오시지만 마음의 문을 꽁꽁 닫고 문전박대하는 사람들이 많습니다.

"종교는 지나가도 하나님은 남아계신다."
- 빅토르 위고

금과 은 나 없어도

요즘 교회에 대한 시비가 많습니다. 잣대가 엄격해진 것은 교회에 대한 기대와 책임 때문입니다. 교회가 가난할 때는 우호적이지만, 힘이 있어 보이는 지금은 더 이상 양해받을 여지도 없습니다. 여전히 많은 교회들이 가난한데도 교회 전체는 마치 부자처럼 인식되고 있습니다.

일찍이 토마스 아퀴나스는 이런 말을 했습니다.

"초대교회에는 '금과 은이 내게 없지만 내게 있는 것을 네게 주노니, 곧 나사렛 예수 이름으로 일어나 걸으라'고 말하는 능력이 있었다. 그러나 오늘날 우리 교회는 금으로 기둥을 만들고 대리석으로 바닥을 깔아 하나님의 집을 지었다. 은과 금은 이제 우리에게 너무 많다. 문제는 나사렛 예수 그리스도의 이름이 그 능력을 잃었다."

교회의 타락은 거룩함보다 물질을 평가기준으로 삼으면서 시작되었습니다. 연약함보다 힘을 숭상하고, 가난보다 부유함을 선택하면서 예수님의 마음을 소홀히 여기게 된 까닭입니다.

"구원에 이르게 하는 것은 도구 그 자체가 아니라 그것을 제시하신 분께로 돌아서는 것이다."

한국인의 특징

이제는 해외여행이 더 이상 특별하게 여겨지지 않습니다만 불과 10여 년 전만 해도 선망의 대상이었습니다. 우리나라가 국민소득 1만 달러를 넘어선 1995년부터 해외여행이 봇물 터지듯 급물살을 이루었습니다. 중국과 동남아시아는 연휴만 되면 특수를 누릴 만큼 제주도보다 값싼 여행지 취급을 받습니다.

해외여행 붐을 실감케 하는 것은 현지 상인들이 쓰는 한국말입니다. 그들은 "싸요, 싸요" 하면서 발걸음을 붙잡고, "진짜예요, 진짜예요" 하며 눈길을 끈 다음에, "빨리빨리"를 외치며 정신을 쏙 빼놓고 흥정합니다.

이들이 쓰는 말은 한국인들이 가장 자주 사용하는 말이라고 해도 틀리지 않습니다. 누가 '싸구려'에다 '불신풍조'에 걸린 '과속 인생'인 한국인들을 탓하겠습니까?

"느림은 기억의 강도에 정비례하고 빠름은 망각의 강도에 정비례한다."
— 밀란 쿤데라(Milan Kundera)

모두가 농부의 자식

농촌 출신인 나는 도시교회에서 목회를 하면서 늘 빚진 심정이었습니다. 대부분의 농촌교회는 갈수록 여건이 어려워지고 있습니다. 우리는 농촌교회를 살릴 근본적인 개선책을 마련하기로 했습니다.

농촌교회 명의로 땅을 구입하고 조합 형식으로 운영하도록 했습니다. 얼마 후에 많은 농산물을 수확할 수 있었습니다. 문제는 농산물을 판매할 방법을 찾아야 했습니다. 그래서 농산물 직판매 장을 마련하기로 했습니다.

처음에는 교회 안에서 반대가 심했지만 시간이 갈수록 많은 분들이 농촌교회의 어려움을 이해하게 되었습니다. 결국 농촌과 도시를 연결하는 생활협동조합을 열 수 있었습니다. 여기서 무공해 농산물을 직거래하였습니다. 반응이 좋았습니다. 비교인들도 입소문을 듣고 찾아오는 일이 늘고 있습니다.

농부의 자식이 아닌 삶이 어디에 있겠습니까? 농촌교회는 모든 이들의 모태이기도 합니다.

"한 사람의 주장이 남의 찬성을 얻으면 전진이 촉진되고, 반대를 얻으면 분발이 촉진된다."
– 루쉰(魯迅)

명예가 곧 멍에

무엇이 된다는 것은 소명 이전에 욕망이 우선합니다. 누구나 위대한 부르심과 역사적 사명에 대해 말하지만 결과에 집착한 나머지 인간적인 수완을 부리게 마련입니다.

나도 그런 선거 과정을 거쳐 감독회장이 되었습니다. 그것은 '명예'이자 동시에 '멍에'였습니다. 자리가 존경을 받는 것이지, 사람이 존경을 받는 것은 아니었기 때문입니다. 4년 전 제가 감독회장 취임식에서 했던 우스갯소리가 있습니다.

어느 가정에 늦게 본 자식이 있었습니다. 이제 막 말을 배우기 시작한 아이가 부모는 너무 기특했습니다.

"너 나중에 커서 뭐가 되고 싶니?"

"대통령!"

"그럼 나중에 대통령 되면 엄마 아빠는 뭐 시켜 줄거야?"

아이는 한참을 궁리하더니, "자장면!" 하더랍니다.

선거 과정에서 신세를 진 사람들에 대한 부채의식은 자장면으로 해결될 일이 아닙니다. 그러한 사랑의 빚을 갚는 일보다 공직의식을 지키는 일이 더욱 어렵습니다.

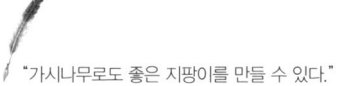
"가시나무로도 좋은 지팡이를 만들 수 있다."

더 커진 가족

영화《크로싱》을 보았습니다. 이 영화가 마음을 울린 것은 그들이 탈북 과정의 온갖 고난을 이겨낸 인간 승리 때문이 아닙니다. 미처 몰랐던 새로운 사실을 알게 되어서도 아닙니다.

그들을 통해 위기에 처한 구체적인 한 인간의 삶을 보았고, 무너져가는 생생한 가정의 현실을 주목하게 되었습니다. 민족, 평화, 통일 같은 단어에서 느끼지 못했던 체온을 그들이 처한 '인간 조건'에서 발견한 것입니다. 그러한 준비작업을 위해 탈북자들이 먼저 온 것 같습니다. 그들의 문제를 체제와 이념의 시각에서 접근하면 실패하기 쉽습니다.

통일부 국정감사자료에 따르면 탈북자 대다수가 사회환경의 급격한 변화로 심각한 부적응 증세를 앓는다고 합니다. 그들은 한국 사회가 자신들에 대해 편견을 가지고 있으며 이등 국민 취급을 한다고 느낍니다. 그들은 더 이상 손님도, 나그네도, 더군다나 군식구도 아닙니다. 함께 살아가야 할 더 커진 가족입니다.

"이웃에게 자비로운 자는 누구든지 의심할 여지 없이
우리 조상 아브라함의 후손이다."
- 《탈무드》

교회의 모색

한국교회는 지난 1960년대 이래 비약적인 성장을 이루어왔습니다. 산업화 시대를 선도해왔다고 해도 과장이 아닙니다. 지금은 은퇴를 앞두고 있지만 나도 그 소용돌이 속에서 목사로 일하였습니다. 선배들의 열심을 본받았고 성공담을 따라 하였습니다.

돌아보면 때로는 거룩한 복음과 사회적 병리가 무분별하게 혼재되어 있었습니다. 성장만능주의로 인해 교회가 본질을 양보하는 일이 잦아졌습니다. 그 결과, 교회가 세속화되었다는 비난에 직면했습니다. 그 책임에서 누구도 자유롭지 못합니다.

문제는 남을 비판하면서 우리도 계속 닮아간다는 점입니다. 오히려 더 세련된 언어와 도구를 사용하여 더욱 몰입하고 있습니다. 반성과 성찰에 미숙하고 갈등과 분열에 익숙한 까닭입니다.

사회는 수직 관계에서 수평 관계로 발전하고 성장과 물량보다는 성숙과 삶의 질로 나아가는데, 우리는 여전히 과거에 속해 있습니다. 교회의 미래를 열어가는 일은 먼저 우리 자신이 지금이 어느 때인지를 분별하는 데서부터 비롯됩니다.

"오래된 착오는 새로운 진실보다 지지자가 많다."
– 덴마크 속담

세대갈등 세대연합

최근 몇 년 사이에 우리 사회는 지역갈등에서 세대갈등으로 편 가르기의 지형이 바뀐 듯 보입니다. 지역감정도 여전히 요지부동이지만 월드컵의 환호성, 광화문 일대를 밝힌 촛불 행렬, 종이신문의 영향력을 가볍게 뛰어넘은 인터넷의 위력 때문에 2030으로 대표되는 세대 혁명이 더욱 눈에 띄기 때문일 것입니다. 요즘은 십대까지 그 중심을 넓히고 있습니다.

앞으로 선거 때마다 보수정당은 기성세대를 향해 "자녀를 설득하라"고 채근하고, 진보정당은 젊은 세대에게 "부모를 설득하라"고 압박할 것이 눈에 선합니다. 언뜻 세대 간 갈등을 부추기는 듯하지만 어쩌면 세대 간 대화를 촉진하는 측면도 기대해봅니다.

기성세대가 느끼는 세대갈등은 그들의 역할 공간이 비좁아지는 데서 오는 위기의식도 포함합니다. 사회는 점점 앞으로 나아가는데 과거에 속한 사람들에게는 아득해 보일 뿐입니다. 부모처럼 존경하고 자녀처럼 신뢰하여 세대연합을 이루어가기를 기대합니다.

"젊은이들은 우리가 지나온 세계에서 새 세계로 이민 온 사람들이다."
– 마거릿 미드(Margaret Mead)

꼬끼오 꼬꼬댁

"닭이 우니 새해의 복이 오고, 개가 짖으니 지난해의 재앙이 사라진다"는 말이 있습니다. 즐겨 부르는 찬송가에도 "계명성 동쪽에 밝아 이 나라 여명이 왔다"는 가사가 있습니다. 여기에서 계명성(鷄鳴聲)은 닭 울음소리를 말합니다.

닭은 우리와 매우 친근한 가축입니다. 시골에서 태어난 나는 어려서부터 닭 우는 소리에 유난히 친근함을 느끼며 자랐습니다.

닭 울음소리가 "꼬끼오 꼬끼오." 할 때와 "꼬꼬댁 꼬꼬댁" 할 때가 다릅니다. 꼬끼오는 홰를 치는 수탉의 소리고, 꼬꼬댁은 알을 낳았다는 암탉의 소리입니다.

닭 울음소리는 지혜롭습니다. 모이를 줄 때 닭들이 내는 "구구 구구"는 제 식구를 불러 모으는 소리라고 하여 옛 사람들은 닭의 '어짊'을 칭찬하였습니다.

닭은 새벽만 깨우는 것이 아니라 교회 종탑에도 높이 세워졌습니다. 그것은 세상을 향해 외치는 교회의 시대적 사명을 일깨웁니다.

> "그러므로 깨어있어라. 너희는 그 날과 그 시각을 알지 못하기 때문이다."
> – 《성경》 마태복음 25:13

희망의 방주

과연 사회복지의 시대입니다. 교회가 이 일에 앞장서서 남을 위해 봉사하고 섬김의 직분을 담당하려는 것은 기독교 신앙의 응답이며 그리스도인 윤리의 기본이기 때문입니다. 교회가 이 땅에 존재하는 한, 고통 받는 이웃이 우리 곁에 머무르는 한, 사회봉사는 시대적 코드입니다.

예수님께서는 "나는 섬기는 자로 너희 중에 있노라"고 말씀하시며 스스로 죄인과 병자의 친구가 되셨습니다. 지배자나 섬김을 받는 자가 아니라 오히려 억압당하는 사람들의 고통과 소외, 연약함에 동참하셨습니다. 낮아지고 낮아지다가 목숨까지 나누셨습니다.

꿈을 꿉니다. 우리나라 모든 교회마다 크고 작은 사회복지 시설이나 프로그램을 운영하는 꿈, 속회와 구역회 등 소그룹마다 독거노인, 소년소녀 가장, 재소자, 결식아동, 장애인, 외국인 노동자를 위한 봉사와 결연관계를 확대해나가는 꿈, 모든 교인들이 자원봉사자로 훈련받고 참여하는 꿈 말입니다.

그렇게 된다면 교회야말로 인류를 구원하는 희망의 방주입니다.

"이 세상에서 이웃 없이 지낼 만큼 부유한 사람은 단 한 명도 없다."
– 덴마크 격언

내게 신앙은 동사

미국 《뉴욕타임스》가 은퇴 후의 지미 카터(Jimmy Carter) 전 대통령의 삶을 전했습니다. 고향인 조지아주 플레인의 마라나사 침례교회 주일성경학교에서 성경을 가르치고 있는 평화로운 모습을 찍은 사진과 함께 말입니다. 교인이 불과 1백 25명밖에 안 되는 이 교회는 일요일이면 카터 전 대통령의 성경 강의 모습을 보기 위해 전국에서 찾아온 방문객으로 가득 찬다고 합니다.

그는 대통령직에서 물러난 뒤에 집 없는 사람들을 위해 집을 지어주는 해비타트(habitat) 운동을 펼친 것으로 유명합니다. 또 카터 센터를 통해 세계의 분쟁을 해결해온 노력도 잘 알려져 있습니다. 모든 일은 그의 신앙에서 우러난 것이라고 신문은 전합니다. 카터 대통령은 "내게 신앙은 명사가 아니라 동사다"라고 말합니다. '살아 있는 신앙'입니다.

화려한 명사보다 섬기는 동사를 택한 그의 삶은 아름다운 본보기입니다.

"나무는 그 열매를 보아 알고 사람은 그가 한 일을 보아 안다."
– 《탈무드》

평화의 복음

낱말 풀이는 참 재미있는 작업입니다. 예를 들어 '원한'이란 서로 찌르는 가시이고, '질투'는 사람을 볶아대는 고약한 심정입니다. '평화'는 골고루 나누어 먹는 입이라고 합니다. 단어의 뜻이 얼마나 구체적인지 눈앞에 그려지고 손에 잡힐 듯합니다.

평화는 거창한 구호가 아니라 일용할 기도여야 합니다. 평화는 특별한 이념이 아니라 소박한 참여에서 비롯됩니다. 평화는 하루아침에 이루어지지 않고 아침저녁으로 만들어가는 것입니다.

사람들은 하나님의 능력을 즐거운 마음으로 믿으면서도 하나님의 평화를 가르치는 일을 게을리 합니다. 교회가 성공하고 부흥하는 방법론을 가르치면서 평화로운 삶을 깨우치는 노력은 미미하기만 합니다.

"예수님을 닮는 일은 평화를 간절히 사모하는 데서부터 시작합니다."

특별한 가난함

성경을 보면 가난한 사람들은 특별한 존재였습니다. 하나님께서는 가난한 사람들의 특별한 보호자가 되셨습니다. 하나님의 관심은 부자들의 오만한 풍요에 있지 않고 언제나 가난한 사람들의 삶의 자리에 놓여 있습니다.

어느 랍비에게 어리석은 부자와 가난한 농부가 면담을 하기 위해 찾아왔습니다. 랍비는 부자와 한 시간을 만났으나 가난한 농부하고는 겨우 5분 동안만 만나주었습니다. 가난한 농부는 왜 사람을 차별하냐고 항의했습니다. 랍비가 이렇게 대답하였습니다.

"당신이 가난하다는 것을 나는 금방 알아차렸소. 그러나 부자의 경우 마음이 가난한 것을 알기 위해서 한 시간이나 필요했소."

우리는 지금 넉넉하지 않지만 부족함 없이 잘살고 있습니다. 그렇다면 어떻게 가난한 마음이 되어 하나님이 주시는 복을 경험할 수 있을까요? 그것은 나눔으로써 가능합니다. 나누는 생활은 놀라우리만큼 경건한 삶입니다.

"하나님께 중요한 것은 통계가 아니라 기도의 깊이와 삶이다."
– 아서 매튜(Arthur Matthew)

오래 산다는 것

노인을 공경하는 일은 말처럼 쉽지 않습니다.

나는 장모님을 모시고 살고 있습니다. 올해 연세가 아흔셋이시니 모시고 산 지가 벌써 40여 년 된 셈입니다. 사위도 자식이란 생각에 늘 마음으로는 아들처럼 잘 해드리려고 하지만 한결같지가 않습니다.

비록 늙고 연약한 노인이시지만 그래도 집에 계시면 든든하고 마음이 놓입니다. 손자들에게 따뜻한 할머니시고 손주며느리에게도 어른의 소중함을 느끼게 해주십니다.

현재 우리 사회의 문제는 출산이 적은 반면에 수명은 길어진다는 데 있습니다. 장수는 누구나 소망하는 축복인데 이제 사회적으로 걱정거리가 되었습니다. 특히 우리나라는 세계에서 가장 급속하게 고령화 사회로 진입하고 있습니다. 얼마 전까지만 해도 산아제한운동을 벌였는데 이제는 출산장려운동을 벌이니 우리가 맞이하는 미래에 대해 두려움마저 듭니다.

오래 사는 일이 축복의 열매가 되는 사회를 만들어야 진정한 복지국가입니다.

"어리석은 자에게는 노년이 겨울이나 지혜로운 자에게는 노년이 황금기다."
– 《탈무드》

예수, 학교에 가다

현직 교사인 이수호 선생이 《예수, 학교에 가다》라는 책을 썼습니다. 예수 교육을 통해 오늘의 교육현장을 성찰하고 배우려는 뜻으로 여겨집니다.

예수님께서는 비록 학교 문턱에도 가보지 않았지만 혁신적인 교육 방법을 통해 온 이스라엘과 유대에서 지혜의 스승이 되셨습니다.

그분의 교육론은 매우 단순하였지만, 그래서 더욱 특별하였습니다. 보잘것없는 어린이와 사람 취급도 받지 못하는 여성, 땅의 사람들인 농부와 노동자, 심지어 나면서부터 죄인이었던 불구자, 문둥병자, 게다가 들의 백합, 공중의 새와 같은 자연에서 하늘의 뜻을 찾고자 하셨기 때문입니다.

또한 하나님과 사람 사이의 간격, 하늘과 땅의 평화의 차이를 일치시키셨습니다. 그분의 학교에 입학한 사람들에게는 별다른 표식이 없습니다. 다른 사람들과 구별하는 유일한 방법은 서로 사랑하는 일뿐입니다. 오늘날 교육이 설 자리가 여기에 있습니다.

"너희가 서로 사랑하면 세상 사람들이 그것을 보고
너희가 내 제자라는 사실을 알게 될 것이다."
- 《성경》 요한복음 13:35

나그네 맞이

몇 해 전에 경남지역에서 일하던 1백 37명의 이주노동자들이 광화문 감리교 본부로 피난을 온 적이 있습니다. 강제추방을 피해 찾아온 그들은 보름 동안 우리 빌딩에서 함께 동고동락했습니다.

감리교 본부는 외국인 이주노동자들을 위한 대책위원회를 구성하였고, 12월 24일 광화문 광장에서 '이주노동자와 함께하는 성탄예배'를 드렸습니다.

나중에 들은 일입니다만, 외국인들이 피난을 왔다는 소식을 듣고 건물 앞에서 구두를 닦는 분이 직접 찾아왔습니다. 양손에 간식 상자를 꾸려서 말입니다. 외국인 노동자들을 대접하려고 밤새 가족들과 함께 만든 음식이라고 하였습니다.

그도 30여 년 전에 무작정 상경한 농촌 청년인데 어려운 시절 감리회관 지하실 복도에서 겨우 잠자리를 마련했다고 했습니다. 비와 어둠을 피할 공간만 얻었을 뿐이지만 통행금지가 있던 그 시절의 고마움을 여전히 간직하고 있었습니다.

돌아보면 세상 누구든 나그네로 이 세상에 왔습니다.

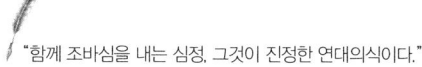
"함께 조바심을 내는 심정. 그것이 진정한 연대의식이다."

통일의 믿음

독일 통일 이후, 독일 개신교 외무국의 요하네스 아힐레스(Johnness Achilles) 목사는 이런 말을 했습니다.

"독일의 통일은 선물이나 사명이 아니라 믿음이라는 관점에서만 파악할 수 있다. 왜냐하면 계획도 없이 일어났기 때문이다. 인간은 그것을 계획할 수도 없었고, 다만 그 현상과 싸워나가야 했다."

그가 내린 결론은 이렇습니다.

"믿음의 관점에서 보면 기회와 가능성이 문제보다 훨씬 크고 많다."

우리 민족의 통일도 마찬가지입니다. 예언자는 아니지만 우리나라의 통일에 대해 분명히 말씀드릴 것이 있습니다. 통일이 결코 우리가 정한 일정표와 계획에 따라 임하지는 않으리라는 점입니다. 바로 하나님의 선하신 계획과 목적에 따라 이루어질 것입니다. 우리가 평화통일과 민족복음화 사역을 꾸준히 진행해야 하는 이유가 여기에 있습니다. 다람쥐 쳇바퀴 돌듯 반복된 경험 속에서도 하나님이 우리 민족의 끈을 쥐고 계시다는 믿음이 있기에 우리는 충성을 다할 수 있습니다.

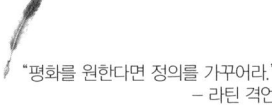
"평화를 원한다면 정의를 가꾸어라."
– 라틴 격언

골리앗 콤플렉스

'다윗과 골리앗'은 고사성어만큼이나 유명한 성경 이야기입니다. 골리앗으로 대표되는 거대 권력과 다윗으로 상징되는 용기는 크기와 규모의 논리가 아닌 진리를 가치의 중심에 두고 있습니다. 다윗은 목동의 무기인 물맷돌 다섯 개를 들고 골리앗과 맞섰습니다. 브라질의 대주교 헬더 카마라(Hélder Pessoa Câmara)는 다윗의 돌이 '하나님을 믿는 신앙, 진리에 대한 확신, 정의에 대한 확신, 선에 대한 확신, 사랑에 대한 확신'이라고 설명합니다.

만약 우리 교회가 다윗의 믿음을 부끄럽게 여기고 골리앗의 위세를 자랑한다면 더 이상 하나님의 능력은 회복될 수 없습니다.

어느 때보다 우리 교회는 풍요롭고 여유가 있습니다. 그런데도 여전히 불안해하고 자신감이 부족한 것은 골리앗 콤플렉스에 사로잡혀 있기 때문입니다. 이는 교회가 영적인 능력을 점점 잃어가고 있다는 증거입니다. 교회는 골리앗의 우상이 아닌 다윗의 하나님께 희망을 두어야 합니다.

"무엇이 하나님이 아닌지는 알기 쉽지만 하나님이 어떤 분인지 알기는 매우 어렵다."
— 성 어거스틴

선교사의 소명

서울 양화진에 있는 외국인 선교사 묘지는 구한말 이 땅에 찾아와 개화와 독립, 근대화를 위해 기여한 선교사들과 그 가족이 묻혀 있는 곳입니다.

그곳에서 뜻밖에도 1903년 원산부흥운동의 주역인 감리교 선교사 하디(Robert A. Hardie) 가족의 묘비를 발견하였습니다. 캐나다 사람인 하디는 45년간 한국에서 선교사 활동을 하고 미국으로 돌아가 생애를 마쳤으니 이곳에 묘비가 있을 리 없습니다. 그 묘비의 주인공은 하디 선교사가 이 땅에 남겨둔 어린 두 딸이었습니다.

우리도 해마다 수십 명씩 세계 곳곳으로 선교사를 파송합니다. 사실 1백 20여 년 전 우리나라에 온 선교사들에 비해 지원이 미흡한데다 배려도 잘 못해 늘 마음이 안쓰럽습니다.

오지와 벽지를 가리지 않고 나선 것은 선교사 본인의 소명이고 스스로 원한 일이지만 가족이 겪는 불편과 불안은 함께 감수해야 할 십자가입니다. 양화진의 그들처럼 선교 현지에서 묘비로 남을 이들도 있을 것입니다.

"하나님의 중심은 모든 곳이고, 하나님의 경계선은 어디에도 없다."
– 토마스 왓슨(Thomas Watson)

역사의 파수꾼

대표작 《25시》로 유명한 작가요, 루마니아 정교회 사제인 게오르규(Constantin-Virgil Gheorghiu)가 한국을 방문한 적이 있습니다.

그는 제1차 세계대전 때 해군으로 참전하여 잠수함을 탔다고 합니다. 당시 잠수함에는 실내 산소를 측정하는 계기가 없었습니다.

그래서 토끼가 꼭 필요했는데, 게오르규가 맡은 임무는 토끼를 지켜보는 것이었습니다.

그는 자신이 맡은 소명에 대해 이런 말을 했습니다. 잠수함의 토끼가 산소량에 민감하듯이 작가와 사제는 시대와 역사의 흐름에 민감해야 한다고 말입니다.

토끼를 감시하는 잠수함의 병사처럼 적어도 지식인라면, 모름지기 그리스도인이라면 역사의 파수꾼으로 존재해야 한다는 것입니다.

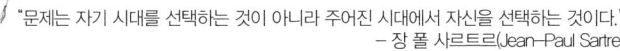
"문제는 자기 시대를 선택하는 것이 아니라 주어진 시대에서 자신을 선택하는 것이다."
– 장 폴 사르트르(Jean-Paul Sartre)

두 요한

어두워진다는 것은 때와 시절을 알려주는 분명한 징조가 됩니다. 어둠이 깊어질수록 빛은 더욱 눈부시게 다가오는 법입니다. 첫 강림이든 장차 다가올 강림이든 주님의 강림은 모두 빛과 더불어 시작될 것입니다.

프랑스 격언에 "두 요한이 1년을 나눈다네"라는 말이 있습니다. 사람들은 빛의 갈림길에 존재하는 두 요한을 사랑합니다. 사도 요한은 빛이 점점 자라나는 동지의 성인이고, 세례 요한은 빛이 차차 쇠하는 하지의 성인입니다.

대림절은 겨울의 사순절이라고 불립니다. 신랑 맞을 준비를 하며 등불의 기름을 예비하는 열 명의 처녀처럼 우리 삶에서 믿음을 갈무리하며 등불을 밝힐 때입니다.

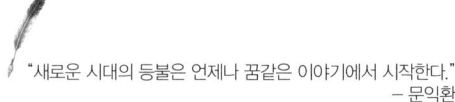

"새로운 시대의 등불은 언제나 꿈같은 이야기에서 시작한다."
– 문익환

교회의 이름

리처드 하버슨(Richard Halverson)은 이런 말을 했습니다.

"맨 처음 교회는 살아계신 그리스도 안에서 친밀하고 생명력이 넘치는 관계를 가졌다. 이 관계는 그들과 그들 주변의 세계를 변화시켰다. 그다음 교회는 그리스로 건너가 하나의 철학이 되었다. 나중에는 로마로 건너가 하나의 제도가 되었다. 그다음 교회는 유럽으로 건너가 하나의 문화가 되었다. 마지막으로 교회는 미국으로 건너가 하나의 기업이 되었다. 오늘 우리는 너무나 많은 교회를, 그러나 너무나 적은 친교를 맺고 있다."

그러면 한국 땅에 온 교회의 의미는 무엇일까요. 철학, 제도, 문화, 기업…… 이 모든 것도, 그중 하나도 아닙니다. 무엇이라고 규정하기 힘들지만 이래야 된다는 요구도 많습니다.

세상은 바뀌고 환경도 변했지만 예나 지금이나 변함없는 것은 교회는 교회다워야 한다는 대원칙입니다. 그것은 하나님의 성실한 청지기, 타자를 위한 존재, 희망의 공동체, 구원의 방주 등 다양한 이름을 하고 있습니다.

"사람들이 왜 교회에 다니는지 알아요?"
"그 안에 사람들이 원하는 규칙이 있기 때문이지."
– 영화 〈이중간첩〉 중에서

하나님의 자녀

요즘 다문화 가정에 대한 관심이 커지고 있습니다.

미국 미식축구의 영웅 하인즈 워드(Hines Ward)는 그의 성취를 통해 혼혈인에 대한 우리의 폐쇄적인 시각을 바로잡아주었습니다.

뒤늦게 선거권을 갖게 된 중국계 한국인들은 때늦은 변화에 놀라워합니다. 급격하게 늘고 있는 국제결혼이나 외국인 노동자들의 현지 결혼과 그 자녀들의 문제는 우리에게 더 넓은 가족의 품과 가정에 대한 성찰이 필요하다고 촉구합니다.

예수님께서는 일찍이 관습과 시대를 초월한 가족관계를 말씀하셨습니다. 오늘날의 현상적인 가족의 변화보다도 더 근본적인 가족관계를 말씀하신 것입니다.

단지 피붙이만이 아니라 하나님의 뜻 가운데 있는 자는 누구든지 형제요, 자매요, 어머니입니다. 성경에서는 개인의 팔 둘레부터 민족의 경계에 이르기까지 가족관계를 확대합니다. 그 울타리는 너무 넓어서 아예 온 인류로 확장해나가고 있습니다. 우리는 은혜로 하나님의 자녀가 되었습니다.

"인간 차별주의자들은 인간의 육체만 믿고 영혼은 믿지 않는 사람들이다."
– 볼드윈(Baldwin, James Arthur)

창세기 1장

현대인들에게 창세기의 말씀은 낡은 고전이 되고 말았습니다. 인간은 하나님이 엿새 동안 창조하신 세상을 단 6분 만에 파괴할 능력을 지녔습니다. 편리를 위한 고안과 발명이 오히려 세상을 망쳐놓았습니다. 발베르트 빌만(Walbert Bülmann)은 창세기 1장을 이렇게 풍자합니다.

"태초에 내가 보매 모든 것이 좋고 좋았다. 그러나 오늘날 내가 보니 만물이 나빠질 대로 나빠졌구나. 첫째 날, 내가 낮에는 해, 밤에는 달로 빛을 내게끔 했건만 너희는 매연으로 날을 어둡게 하고 네온과 조명으로 밤의 고요를 깨뜨렸도다. 둘째 날, 내가 마른 땅과 수면을 가르고 물을 주어 원기를 돋우고 땅에 과일이 풍성케 하였건만 너희는 땅에 독을 부어 개천과 호수, 바다를 오염시켰도다……."

그는 이렇게 덧붙입니다.

"돌아오너라, 내 백성들아! 너희 하나님인 나에게로, 그리고 너희 자신에게로. 네 자손들을 기억할지니, 나의 이 대지가 너희 것이었던 것처럼 너희 자손들의 것이 되어야 하리니."

"하나님은 하나님의 창조물을 통해 사람들과 대화하기를 원하신다."
– 스투키(Laurence Hull Stookey)

순교자

김유순 감독은 해방 직후 통합된 감리교회의 제5대 감독으로 6.25를 맞았습니다.

당시 "총을 들고 싸워야 한다"는 사수론과 "하나님과 국가에 맡겨야 한다"는 현실론이 크게 갈등했는데, 결국 사수론이 채택되었습니다. 여기에는 김유순 감독이 중요한 역할을 했다고 전해집니다.

그러나 그가 선택한 사수론은 총과 수류탄을 드는 것이 아니라 "선한 목자는 양들을 위해 목숨을 버린다"는 지극히 단순하고 당연한 목회 원리였습니다.

서울 사수를 외친 사람들이나 현실론을 내세운 사람들 모두 서울을 빠져나가 피난하였습니다. 그러나 김유순 감독을 비롯한 소수의 목회자들은 끝까지 남아 불안해하는 양과 교회를 지키다 결국 체포되어 납북되었으며, 마침내 순교의 피를 흘렸습니다.

그들은 '도살장에 끌려가는 어린양'처럼 북행길을 떠났고 돌아오지 못하였습니다. 이것이 참순교자의 모습입니다.

> "나라를 사랑하여라. 그리하여 너는 애국(哀國) 하여라.
> 사랑이 짙을수록 웃음만이 아니라 슬픔도 아는 것이다.
> 슬퍼 울 줄 모르면서 나라를 사랑하는 것은 거짓말이다."
> — 김정준

종교의 모양

예수님의 비유는 구체적인 현실을 사는 구체적인 사람들을 향하고 있습니다. 그 말씀은 경제 현실에 바탕을 두며 인간의 처지를 외면하지 않습니다. 어느 시대, 어느 세대를 막론하고 누구나 겪는 공통된 사람살이이기에 그 반응은 진실하게 마련입니다. 씨 뿌리는 사람 이야기나 돌아온 탕자 이야기는 바로 나 자신의 모습입니다.

종교가 짊어진 현실에는 또 다른 차원의 공감대가 형성되어 있습니다. 사람의 요구에 속하면서 사람의 요구를 뛰어넘는, 양보할 수 없는 사회적 책무와 도덕적 책임입니다.

지금 교회는 내면적이지도 않고, 그렇다고 구체적이지도 않은 채 어정쩡한 종교의 형식만 갖추고 있다는 데 어려움이 있습니다.

"어떤 종교의 신자가 10퍼센트를 넘으면 그 사회에 대한 도덕적 책임을 져야 한다."
– 프랜시스 섀퍼(Francis Schaefer)

물고기 심벌

지금은 사라졌지만 한때 자동차 뒤에 물고기 심벌을 붙이고 다니는 차들이 있었습니다. 굳이 말하자면 물고기 심벌은 자신이 그리스도인이며 그리스도인다운 운전을 하겠다는 약속입니다.

물고기는 초대교회의 심벌입니다. '예수님은 하나님의 아들 구세주(Jesus Christos Theou Hyios Soter)'라는 신앙고백이 담긴 다섯 단어의 머리글자를 모으면 그리스어로 물고기를 뜻하는 '익투스(ΙΧΘΥΣ)'가 됩니다. 자동차 뒤에 물고기 심벌을 붙이고 당당하게 신앙고백을 하는 모습은 대견스럽습니다. 그것은 물질문명의 우상들 틈에서 새로운 삶을 증거하는 거리의 전도사처럼 보입니다.

지금은 신앙고백을 하기 어려워 상징으로 표현해야 했던 박해의 시대는 아닙니다. 그런데 왜 다시 물고기와 같은 비장한 심벌이 등장하고, 또 쉽게 사라졌을까 생각해봅니다. 정작 어려운 것은 자동차를 운전하는 습관을 바꾸는 일이 아니었을까요. 자동차 뒤에 물고기만 붙인다고 저절로 모범 운전자가 되지는 않습니다. 운전 습관을 바꾸려면 사람이 바뀌어야 합니다. 알든 모르든 물고기 심벌이 사라진 일은 큰 유감입니다.

"어느 항구로 가고 있는지 알지 못하는 항해사에게는 아무리 순풍이 불어도 소용이 없다."
— 세네카

디아코니아

불과 10년 남짓한 사이에 사회복지는 시대의 코드가 되었습니다. 현재 우리나라는 세계에서 열세 번째 경제대국이 되었지만, 여전히 우리 주변에는 눈물을 닦아주어야 할 사람들이 있습니다.

감리교회는 존 웨슬리의 전통에 따라 영혼 구원과 사회봉사를 병행하는 균형 잡힌 교회라는 자부심이 있습니다. 이웃사랑은 예수님의 명령이며 복음 그 자체이기도 합니다.

예수님의 생애를 한마디로 요약하자면 '나눔과 섬김'의 실천이었습니다. 가난하고 병든 사람들, 즉 '지극히 작은 한 사람'에 대한 사랑이 바로 복음 선포의 주요 내용입니다. 여기서 우리는 하나님 나라의 희망을 발견합니다.

독일교회의 유명한 사회봉사를 '디아코니아(diakonia)'라고 합니다. 이는 예수님께서 친히 행하셨듯이 허리를 굽혀 봉사하고 남의 발을 씻어주는 섬김의 삶을 모델로 삼고 있습니다.

그리스도인은 섬김의 삶을 살도록 부름을 받았습니다.

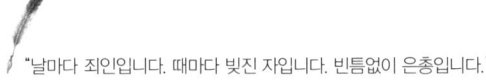

"날마다 죄인입니다. 때마다 빚진 자입니다. 빈틈없이 은총입니다."

닮아가는 삶

기독교 고전 중의 고전인 토마스 아 켐피스의 책 《주님을 본받아》에 있는 구절입니다.

"하나님을 사랑하는 일에 위대한 사람이 진정으로 위대하다. 스스로 겸손한 마음을 가지고 세상의 어떤 명예나 영화도 중히 여기지 않는 사람이 참으로 위대한 것이다. 하나님을 얻기 위하여 이 세상의 모든 것을 단지 쓰레기처럼 생각하는 사람이 진정으로 현명한 자다. 또한 하나님의 뜻을 따르고 자기 뜻을 내세우지 않는 사람이 가장 많이 배운 사람이다."

2006년 서울에서 열린 세계감리교대회(WMC)에서 감리교회는 가톨릭교회, 루터교회와 함께 공동선언을 합의했습니다. 그 내용은 하나님을 믿음으로써 구원받으며, 이러한 믿음은 사랑을 행하고 거룩한 생활을 하면서 자라간다는 것입니다. 이를 교리적으로 '칭의와 성화'라고 부릅니다. 한마디로 믿음은 값없이 주시는 은총이지만 인간은 예수님을 본받기 위해 평생을 애써야 합니다.

> "오히려 자기를 비워서 종의 모습을 취하시고 사람과 같이 되셨습니다. 그는 사람의 모양으로 나타나셔서 자기를 낮추시고 죽기까지 순종하셨으니 곧 십자가에 죽기까지 하셨습니다."
> – 《성경》 빌립보서 2:7~8

세대 계약

　일찍이 서구 선진국들은 사회복지 시스템의 하나로 연금제도를 시행해왔습니다. 이것을 한마디로 '세대계약'이라고 부릅니다. 아버지 세대와 자녀 세대가 서로 사회적 약속을 통해 효도와 봉양 시스템을 마련한 것입니다. 이 시스템이 잘 운용되면 자녀 세대는 그 다음 손주 세대에게서 노후를 보장받게 됩니다.

　그러나 낮은 출산율과 높은 노인 증가율은 더 이상 세대계약의 미래를 보장해주지 못하고 있습니다. 현행 연금제도의 위기입니다. 지금 서구 선진국은 물론이고 이제 겨우 출발선에 서 있는 우리나라 국민연금제도도 제대로 시행해보지도 못한 채 진통을 겪게 되었습니다.

　우리나라는 오랫동안 가족이 연금이요, 보험 역할을 해왔습니다. 부모를 공양하는 일이 자녀의 의무처럼 여겨졌기 때문이고, 그것이 우리식 세대계약이었습니다.

　시대가 달라졌습니다. 수명은 늘고, 자녀는 단출하고, 살림 규모도 커져 세대마다 제 앞가림하기에 급급해졌습니다.

"나누어진 밥은 모든 사람을 배부르게 하고, 나누어진 고난은 모든 사람을 단결시킨다."

희망광장

4년 동안 출근한 광화문 사거리의 감리회관은 그야말로 대한민국을 한눈에 보는 전광판과 같은 곳입니다. 아침에 출근하면 사무실에서 바라보이는 청와대를 향해 한번 두 손을 높이 듭니다. 그곳이 안정되어야 나라가 평안하리라는 마음에서 축복하는 것입니다. 말 그대로 태평로라는 길 이름에 그 의미가 담겨 있습니다.

광화문 광장은 2002년 월드컵 경기 때 승리의 함성이 울리던 곳이고, 우리 사회에 어려움이 있을 때마다 촛불을 들고 탄원하던 곳이며, 나라에 경사가 있을 때 온 국민이 모여들던 곳입니다.

나는 우리 감리교회의 본부가 있는 광장을 '희망광장'으로 선포한 일이 있습니다. 우리 앞마당을 시민의 광장, 민족의 광장, 세계의 광장으로 부르는 일은 희망 그 자체를 담고 있습니다.

여기 '희망광장'에서 상생의 함성, 희망의 함성이 울려 퍼지기를 늘 기도합니다.

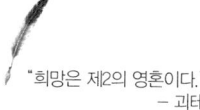
"희망은 제2의 영혼이다."
- 괴테

오늘의 땅 끝

교회의 선교 현장은 우리 사회의 최전선이 어디인지를 알려주는 내비게이션입니다. 장애인, 외국인 노동자, 탈북자, 지구온난화 등 사회 이슈는 언제나 교회의 관심사입니다.

이익을 고려한 '남는 장사'가 아닌, 부득불 손해를 감수하고라도 대책 없이 뛰어드는 교회가 여전히 많습니다. 인간의 다양한 현실을 염두에 두지 않는다면 이미 교회의 선교이기를 포기한 것입니다.

예수님께서 말씀하신 "땅 끝까지 이르러 내 증인이 되라"는 당부는 교회로 하여금 언제나 오늘의 '땅 끝'에 대해 고민하게 하였습니다. 그곳은 인간의 한계상황이고, 사회의 무관심 영역이며, 복지의 무풍지대 같은 곳입니다. 소외와 차별, 빈곤, 절망이 있는 곳은 언제나 하나님의 관심 대상입니다.

교회는 하나님의 마음과 손발로 존재할 때 가장 의미가 있습니다.

"도움을 청하는 사람이 있으면 신분을 따지지 않고 누구에게나 문을 열어주고, 인간의 존엄성을 무엇보다 존중하기."
– 엠마우스(Emmaus) 공동체

사건으로서의 성경 공부

목회자로서 설교를 하거나 성경을 공부하면서, 종종 그 역할을 성경과 현대 세계의 간격을 줄이는 것이라고 생각하기 쉽습니다. 간격을 줄임으로써 예수님의 복음을 현대인에게 더욱 가깝게 전달할 수 있다고 여기기 때문입니다.

그러나 현대 세계는 이성과 과학은 물론이고 너무 많은 의심과 회의로 가득합니다. 그 간격을 좁히려면 목회자인 내가 중세 시대 사람이 되거나 청중을 바보로 만드는 수밖에 없습니다.

우리는 성경을 통해 매우 중요한 신앙의 원칙을 들을 수 있습니다. 그 원칙은 현대 세계의 거짓과 유혹과 불신앙을 낱낱이 일깨워 줍니다. 따라서 그 해독과 속임수에서 벗어나도록 합니다.

오늘날 설교가 하나님의 말씀을 말하면서도 우리 가운데 존재하는 폭력, 차별, 가난, 우상숭배에 대해 말하지 않는다면 성경을 벗어나고 주님의 말씀을 외면하는 잘못을 저지르는 셈입니다.

우리는 유명세를 타는 프로그램을 따라다니기보다 주님의 말씀에 순종하는 사건을 만들어가야 합니다.

> "신앙 문제에서 다수의 결정은 무효다.
> 누구든지 그가 하나님을 생각하는 대로 처신해야 하기 때문이다."
> – 1529년 제2차 슈파이어의회, 프로테스탄트의 주장

부활의 꽃

해마다 산수유, 진달래, 수선화가 희망의 함성처럼 부활 소식을 알려줍니다. 부활의 전령이 꽃 소식과 함께 찾아오는 것은 더없는 행복입니다. 하나님의 창조 질서는 이렇게 아름답습니다. 부활은 우리에게 새로운 창조를 일깨워줍니다.

이제 한국교회는 다시 꽃을 피워야 합니다. 그동안 포장재로 감싼 꽃처럼 향기를 잃었고, 화분에 갇힌 분재처럼 성장력을 상실하였던 것이 사실입니다.

화려함을 뽐내는 몇몇 이름난 꽃들이 한국교회의 간판이었다면 이제는 크고 작은 꽃들이 어울리고 조화를 이루어 이름 모를 들꽃조차 아름다운 에덴의 봄소식을 회복해야 합니다. 묵은 땅을 갈고 거름을 북돋워 부활의 새 꽃을 피워야 합니다.

"축제일이 거룩한 까닭은 연중의 모든 날들이 거룩함을 말해주기 때문이다. 또한 성소가 신성한 까닭은 세상의 모든 곳이 성화됨을 보여주기 때문이다."

신앙의 차이

제2차 세계대전 중인 1943년 2월 3일, 전함 도체스터호가 북극 그린란드 근해를 항해하다가 독일 잠수함의 공격을 받아 침몰하였습니다. 아수라장이 된 배에는 네 명의 군목이 타고 있었습니다. 유대교 랍비와 가톨릭 신부, 그리고 두 명의 개신교 목사였습니다. 배가 침몰해갈 때 네 명의 어린 병사에게 구명조끼가 없었습니다. 네 사람의 군목은 자신들의 구명조끼를 벗어 주고 서로 손을 맞잡고 기도했습니다. 그리고 배와 더불어 바다 깊숙이 가라앉았습니다.

전쟁이 끝나고 나서 네 명의 군목이 보여준 영웅적인 희생정신을 기리기 위해 필라델피아 템플대학교에 기념 채플(The Chapel of Four Chaplains)이 세워졌습니다. 그 기념 채플 설립자는 이렇게 말합니다.

"네 명의 군목이 구명재킷을 벗어 넘겨줄 때 당신은 감리교인인지 장로교인인지 혹은 천주교인인지 유대교인인지 묻지 않았습니다."

채플은 지금도 신앙의 차이를 묻지 않고 모든 사람들의 형제자매됨을 신장시키기 위해 존재하고 있습니다.

"홀로 있을 수 없는 사람은 공동체를 경계하시오.
공동체 안에 있지 않은 사람은 홀로 있음을 경계하시오."
— 디트리히 본회퍼

오용과 남용

"약 좋다고 남용 말고, 약 모르고 오용 말자"는 광고 문구가 인상적입니다. 이는 오늘의 교회에도 적용될 만합니다. 오늘날 예배에서 하나님의 이름이 오용되고, 도덕과 윤리와 풍습에서 하나님의 뜻이 남용되기 때문입니다.

〈내 주는 강한 성〉이란 마틴 루터의 찬송처럼 오직 나의 하나님만이 강한 성일 뿐인데, 우리는 위임받아 섬겨야 할 교회를 자신의 철옹성으로 삼았습니다. 그리하여 사람의 뜻을 하늘의 뜻보다 더 두려워하고, 사람의 주장을 하나님의 말씀보다 더욱 받들게 되었습니다.

지금 하나님의 자리를 차지한 사람이 있다면 그 자리에서 내려와야 합니다. 이제 하나님의 나라를 가로막는 철옹성을 허물고 모두 하나님 앞에 항복해야 합니다. 다시 하나님께로 향하는 이정표를 세우고 하나님께로 향하는 전환점을 마련하는 일이 시급합니다. 우리의 영적 가난과 연약함을 발견할 때 비로소 가능합니다.

> "너 사람아, 무엇이 착한 일인지를 주께서 이미 말씀하셨다. 주께서 너에게 요구하시는 것이 무엇인지도 이미 말씀하셨다. 오로지 공의를 실천하며 인자를 사랑하며 겸손히 네 하나님과 함께 행하는 것이 아니냐!"
> - 《성경》 미가 6:8

종교 간 평화

세계감리교대회(WMC)를 위해 서울을 방문한 로마교황청의 발터 카스퍼(Walter Kasper) 추기경은 "교회 일치는 상하관계가 아니라 포용하는 일이다. 모든 교회 위에 계신 분은 예수 그리스도이다"라고 하였습니다. 그러면서 "교회마다 제각기 차이가 있지만 그보다는 더 많은 공통점을 바라보아야 한다"고 덧붙였습니다.

교회 일치가 추구하는 평화는 모든 종교의 근본 바탕이어서 세계 종교가 함께 협력해야 세계 평화도 가능합니다. 평화의 기도를 가르쳐준 프란체스코(Francesco d'Assisi)는 당시 이슬람의 술탄도 좋아하는 인물이었다고 전해집니다.

한국 사회에서 종교는 평화의 구심점에 서 있지 못합니다. 사람들에게 여전히 대립과 갈등의 이미지로 다가가는 것이 현실입니다.

우리 교회에서 '평화의 길'을 설교하는 것은 가장 손쉬운 일이면서 가장 커다란 고민거리이기도 합니다.

"우리는 말과 행동, 생각으로 죄와 사악함을,
때로는 가장 심각한 방법으로 저지름으로써
신의 분노를 일으킨 점을 인정하고 눈물로 회개합니다."
– 성공회 〈참회의 기도〉

구라운동

구라(救癩)운동에 대해 들어본 적이 있습니까? 문둥병으로 불려온 한센병 환자를 돕기 위한 선교를 말합니다. 이제는 치료가 가능해졌지만 수천 년 동안 불치병이요, 유전병 취급을 받아왔습니다. 저주받은 천형이라는 그릇된 오해 때문에 이 병에 걸린 사람들은 인간으로서의 존엄성과 자유, 심지어는 생존권마저 박탈당해야 했습니다. 사회적 혐오와 고립의 대상이 된 것은 물론입니다.

육체의 질병과 마음의 질병, 사회적 질병을 치유하려는 구라운동에 참여하는 이들은 예외 없이 그리스도인들입니다. 성경에 자주 등장하는 나병 환자는 예수님에게 가장 큰 관심의 대상이었습니다. 영화 《벤허》에서는 그들의 처절한 현실을 예수님의 구원과 연결하기도 하였습니다.

일찍이 1909년 여수에 '애양원'이 설립되어 한센병 환자들을 거두기 시작한 것이 한국교회의 첫 사랑의 마음입니다. 그 마음은 앞으로도 지속되어야 합니다.

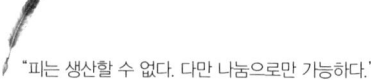
"피는 생산할 수 없다. 다만 나눔으로만 가능하다."

21세기 3D

3D 산업이라는 말이 있습니다. 20세기 굴뚝산업 시대에는 더럽고(Dirty), 어렵고(Difficult), 위험한 것(Dangerous)을 의미했습니다. 사람들은 더 이상 3D 산업에서 일하기를 거부하였고, 그 결과 외국인 노동자들이 어렵고, 더럽고, 위험한 일을 도맡아 하고 있습니다.

21세기의 3D는 사정이 다릅니다. 전도가 아주 유망합니다. 여기서 3D는 디지털(Disital), 디자인(Design), 디엔에이(DNA)입니다.

디지털과 디자인이 21세기 정보산업의 총아이듯이 DNA는 바로 명문가를 뜻합니다. 사람들은 태어나면서부터 '어떤 집안', '누구 자식'이라는 상표를 달고 나옵니다.

요즘은 개천에서 용이 나오는 시대가 아니라고 합니다. DNA가 사람의 운명을 좌우하는 시대가 되었습니다. 세상이 거꾸로 가는 것 같아 안타깝습니다.

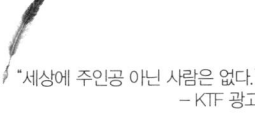
"세상에 주인공 아닌 사람은 없다."
– KTF 광고

양심의 인사청문회

새 정부가 들어설 때마다 적절한 인재를 찾는 일에 분주합니다. 일차적으로 연고와 관계를 고려하겠지만 내 편, 내 사람이라고 해서 맘대로 쓰기는 어렵습니다. 인사청문회의 문턱이 높아져 이제 "누군들 그만한 문제 없는 사람이 있겠느냐?"는 이야기가 통하지 않습니다. 공직자에 대한 국민의 자격 기준이 높아졌기 때문입니다.

학력 위조는 물론이고 재산 형성 과정이나 심지어 교통법규 위반까지도 걸림돌이 되고 있습니다. 안쓰러운 것은 무슨 대단한 정직성과 도덕의식을 심사하는 것도 아닌데 합당한 사람을 찾기가 어려운 현실입니다. 그동안 우리 사회는 정직, 신뢰, 공사 구분, 원리원칙 등에 무관심했습니다. 그러다 보니 실력은 적합한데 인격 면에서 미달되고 말았습니다.

여러분은 어떻습니까? 혹시 공적인 자리에서 평가를 받게 될 순간에 부끄럽지 않을 만큼 투명합니까? 우리가 입버릇처럼 말하듯이 하나님의 심판은 둘째 치고, 적어도 양심의 인사청문회에서라도 자신 있게 통과할 수 있습니까?

"심장은 이성이 인식하지 못하는 이성을 지닌다."
– 파스칼

차코르 대주교의 편지

우리는 우리의 분단 현실만을 가장 긴급하고 커다란 문제로 인식하는 자기 우물에 갇혀 있습니다. 우리는 그동안 이스라엘과 팔레스타인 분쟁에 대해 무관심하거나 판단의 오류를 범해왔습니다. 특히 선과 악의 틀로 두 나라를 바라본 결과, 해마다 많은 사람들이 성지순례를 다녀오는데도 아무런 문제의식을 갖지 못하였습니다.

팔레스타인 멜카이트 교회의 차코르(Elias Chacour) 대주교는 서울에서 열린 세계감리교대회에 초청받았지만 이스라엘과 레바논의 분쟁으로 방문하지 못했습니다. 그 대신에 편지를 보내왔습니다.

"우리 교구 성도들과 함께해야 하는 입장 때문에 불참하게 된 것을 부디 용서해주십시오. 그리고 여기 우리를 위해 기도해주십시오. …… 팔레스타인과 레바논 사람들을 위해 기도해주시고 이스라엘 유대인들과의 우정도 잊지 말아주십시오. 세월이 지나 여러분을 모두 이곳 갈릴리(부활의 땅)에 초청하는 순간이 있으리라고 믿습니다."

지금 이 순간에도 위기와 고난이 계속되고 평화의 정착을 한없이 기다리는 갈릴리로 그는 우리를 초대하고 있습니다.

"인간의 역사는 학대받은 자의 승리를 참을성 있게 기다리고 있다."
— 타고르

기독교와 정치

　기독교 세력에 기반을 둔 정치인은 많아도 그 이상에 기초한 정치인은 찾아보기 힘듭니다. 선거철만 되면 기독교 간판으로 정당을 급조하고 기독교의 이름으로 이념을 덧칠하는 행위가 신앙 과열을 부추겨 오히려 반기독교 현상을 자극합니다.
　기독교 신앙을 고집하는 사람일수록 더욱 기독교적인 방법과 사랑에 기초해야 합니다. 그것이 진정한 그리스도인의 정치 참여입니다. 그것이 예수님의 원칙에 동의하고 사랑의 원리에 따라 정치 행위를 하는 것입니다.
　복음이 세상을 향해 얼마나 가슴이 넓고, 인간에 대해 얼마나 사랑이 깊은지 그 안에서는 누구도 소외될 수 없습니다. 그런데도 기독교가 배타적인 종교로 폄하되고 친구를 사귀지 못하는 자기중심적인 신앙으로 비쳐지는 것이 안타깝습니다. 신앙을 이용만 할 뿐 구현하지 않기 때문입니다.

"나는 성경이 말하는 것을 말할 뿐인데 사람들은 이미 성경을 읽지 않기 때문에 내가 정치를 이야기한다고 생각한다. 애 이 노래를 지어내게 하고 강하고 힘차게 만든 것은 바로 성경인 것을!"
— 밥 말레이(Bob Marley)

교육의 위기

유대인은 책의 민족이라고 불립니다. 그들은 세계에서 최초로 의무교육을 발견해냈고, 당연히 가정교육과 함께 교육철학을 발전시켜왔습니다. 교사는 존경의 대상이었고 "여성을 가르치는 것은 곧 가정을 가르치는 것"이란 격언도 있습니다. 여기에서 책은 《성경》을 말합니다.

한국에서 가장 큰 문제는 교육이라고 말들 합니다. 그것도 공교육의 위기라고 합니다. 학교에서 교사가 존경을 받지 못하면 공교육의 위기입니다. 국가에 장래가 없습니다. 같은 맥락에서 가정에서 어머니가 교육의 중심으로 바로 서지 못하면 민족의 장래가 없습니다.

한국 교육에서는, 존경을 받고 중심에 서야 할 두 부류가 교육의 파행을 가져온 장본인으로 지적받고 있습니다. 하나는 너무나 무기력해 보이고, 또 하나는 심하게 경쟁적입니다. 아버지들은 교육을 말할 자격도 없어 보입니다.

> "만일 당신이 배를 만들고 싶으면 사람들을 불러 모아 목재를 가져오게 하거나 일을 지시하고 일감을 나눠 주는 따위의 일을 하지 마라. 대신 그들에게 저 넓고 끝없는 바다에 대한 동경심을 키워줘라."
> – 생텍쥐페리

세상과 대화하라

흔히 목사는 보수적이고 세상 물정을 모르는 답답한 사람으로 인식되기 십상입니다. 사실이 그렇습니다. 그래서 나부터 좀더 열린 사고를 해야겠다는 생각에서 젊은이들과 자주 대화하기 위해 노력하는 편입니다만 쉬운 일은 아닙니다.

워낙 교회란 곳이 다양한 구성원이 모인 곳이고 그럴수록 목회자는 더욱 보수적인 태도를 유지할 것을 강요받습니다. 어쩌면 보수적인 입장과 처신이 속 편한 선택일지도 모릅니다. 그러나 현실은 그리 호락호락하지 않습니다. 당장에 교회는 사회로부터 도전을 받습니다. 교회 안에서도 예외는 아닙니다.

변화를 받아들이지 못하는 교회의 답답한 태도 때문에 젊은이들이 기독교 신앙을 갖는 일을 주저합니다. 심지어 노골적인 안티기독교도 생길 정도입니다.

교회는 보다 열린 마음으로 세상과 대화할 필요가 있습니다. 교회라는 제도를 유지하기 이전에 예수님을 따르는 제자의 길을 위해 더욱 그렇습니다.

"인생을 대관(大觀)하라. 넓고 큰 마음을 소유하자.
영원한 값이 있는 일을 찾아보자."
– 정경옥

낳고 낳고

　신약성서의 첫 장은 "낳고…… 낳고……"의 연속입니다. 성경을 처음 접하는 사람들은 이 낯선 족보에 당황합니다. 하지만 성경의 기록은 한낱 족보에 불과하지 않습니다. 하나님께서 인간이 지은 죄에도 불구하고 이 땅에서 희망을 계속 이루어가심을 의미합니다.
　요즘 우리나라 가족 형태에 커다란 변화가 생겼습니다. 대가족이나 핵가족 같은 전통적인 가족 분류로는 다양한 구성원을 담아내기 힘들어졌습니다. 이를테면 독신 가족, 동거 가족이 있고 무자녀 가족, 공동체 가족, 기러기 가족 등 새로운 가족 형태가 늘어났습니다.
　가정의 변화는 어제오늘의 일이 아닙니다. 가족의 해체로 더 많은 사람들이 상처와 고통, 증오 속에서 살아갈 것입니다. 이들에 대한 더 많은 보살핌과 배려, 손길에 대한 요청이 증가할 것은 자명합니다.
　교회는 저출산, 고령화 사회와 다양한 대안가족 형태를 어떻게 맞이해야 할지 준비하고 있습니다.
　"낳고…… 낳고……"의 역사는 이 땅에서 계속되어야 합니다.

> "성경은 아기를 낳는 말씀인데 구약은 할머니가 낳았다는 말씀이요,
> 신약은 처녀가 아기를 낳았다는 말씀이다."
> – 원경선

만찬의 정신

외국에 있는 한인교회들은 예배가 끝난 후에 정성스러운 애찬을 나눕니다. 집에서 준비해 온 반찬을 한 가지씩 가져와 차린 식탁은 훌륭한 뷔페입니다. 유학을 온 젊은이들은 친교의 식탁에서 고향 음식을 맛보며 일주일의 에너지를 얻는다고 합니다.

밥을 나누어 먹는 일은 세계에서 가장 오래된 친교 행위입니다. 초대교회에서 공동 식사는 친교의 핵심이었습니다. 예수님은 잡혀가시기 전날 밤에 제자들과 마지막 만찬을 나눔으로써 교회가 기념해야 할 것이 무엇인지 일깨워주셨습니다.

그동안 교회는 너무 오랫동안 예수님의 몸이라는 사실을 잊고 있었습니다. 교파가 다르다고 성만찬을 함께 나누는 일조차 꺼렸습니다. 모두 예수님의 손님으로 초청받았지만 우리는 많은 이방인들을 배제하였습니다.

대표적인 이들이 북한 동포들입니다. 우리는 영혼의 만족을 주기 이전에 굶주린 몸을 만족시켜주어야 할 사명을 지닌 그리스도인입니다.

"질병이든 배고픔이든 고통은 분석하는 사람이 아니라 겪는 사람의 몫이다."

이름 없는 독립투사

우리 민족의 광복은 결코 값없이 주어진 것이 아닙니다. 세계가 벌인 전쟁의 결과로만 얻은 부산물일 수 없습니다. 혹한과 굶주림을 견디며 대일 항전에 목숨을 바친 수많은 선열들의 피와 땀과 눈물이 있었기 때문입니다.

나는 뒤늦게야 《백범일지》를 읽고 김구 선생의 인간됨과 위대함을 새삼 느꼈습니다. 특히 상해 임시정부의 역사성에 비해 그 규모의 초라함이나 끝없는 내부 갈등과 분열, 운영비조차 없는 경제 빈곤을 보면서 그들이 겪어낸 간난고초를 실감했습니다. 만약 모든 것이 넉넉하고 명예로운 임시정부였다면 누군들 참여할 마음이 없었을까 싶습니다. 당시는 그냥 이름값으로만 버텨주는 일도 희망이었습니다.

김구 선생이 주도한 윤봉길, 이봉창 의거 등은 임시정부의 존재감은 물론이고 독립의 꿈에 다시 불을 붙인 쾌거였습니다.

해방이 되었어도 역사의 조명이 비켜 간 잊혀진 독립투사들과 그 가족들의 삶은 여전히 진행 중입니다. 우리는 그분들을 발굴해 진정 어린 감사를 드려야 합니다.

> "현재 인류가 불행한 근본 이유는 '인의'가 부족하고, '자비'가 부족하고, '사랑'이 부족한 때문이다."
> – 백범 김구

성서를 주어라

김교신은 일제 강점 아래 암흑기를 산 사람입니다. 그에게는 무교회주의자라는 별명이 따라다닙니다만, 더 정확한 별명은 성서주의자라는 편이 옳습니다.

일제에 의해 폐간된 《성서조선》의 발행인이었던 김교신의 성서 사랑은 창간호 서문 〈성서를 조선에〉에 잘 드러납니다.

"사랑하는 사람에게 주고 싶은 것은 한두 가지에 그치지 않는다. 하늘의 별이라도 따주고 싶으나 인력에는 한계가 있다. 어떤 이는 음악을 조선에 주며, 어떤 이는 문학을 주며, 어떤 이는 예술을 주어 조선에 꽃을 피우고 옷을 입히며 관을 씌울 것이나, 오직 우리는 성서를 조선에 주어 그 골격을 세우고 그 혈액을 만들고자 한다. 같은 기독교이면서도 어떤 이는 기도생활의 깊은 경지를 주창하고, 어떤 이는 영적 체험의 신비세계를 역설하고, 어떤 이는 신학 지식의 조직 체계를 애지중지하나 우리는 오직 성서를 배워 성서를 조선에 주고자 한다. 더 좋은 것을 조선에 주려는 이는 주어라. 우리는 다만 성서를 주고자 미력을 다하는 자다."

"나는 성경을 읽을 때 내 처지에 대해 말하는 구절을 만날 때마다 퀘이커 교도들이 하는 것처럼 그 구절에 입을 맞추었다. 그게 내 습관이 되었다."
— 스탠리 존슨(Stanley Johnson)

복음적 성찰의 길

얼마 전에 세계성공회는 동성애자 사제 문제로, 또 여성 주교 서품 문제로 큰 갈등을 겪었습니다. 성공회가 시대 상황에 예민하여 먼저 앓고 있을 뿐 오늘날 교회가 맞닥뜨린 문제는 한두 가지가 아닙니다. 이혼과 낙태 문제 등 전통적으로 교회가 취해온 현실성 없는 윤리는 더 이상 설득력이 없습니다. 단지 선언에 그칠 뿐입니다.

지금껏 애써 무관심했지만 안락사, 동성애, 장기복제, 생명윤리 등 좀더 구체적인 문제 앞에서 교회는 성서적 입장과 현실적 대안을 사이에 두고 고민할 때가 많습니다. 성직자 세금도 무조건 반대, 대체복무도 무조건 반대, 사학법 개정도 무조건 반대하는 등 반대를 외치는 일은 쉽습니다. 하지만 시민사회와 벽을 쌓을 뿐입니다.

그동안 우리는 복음적 성찰을 하는 데 게을렀습니다. "예수님이라면 어떻게 하실까?" 하는 최소한의 물음에도 인색하였습니다. 우리가 따르려는 예수님의 길은 그렇게 단순하지 않습니다.

> "만일 그 바늘 끝이 불안해 보이는 선율을 멈추고 어느 한쪽에 고정되면 그것을 버려야 한다. 이미 지남철이 아니기 때문이다."
> – 민영규

교회의 고민

교회에 대한 사람들의 평가가 천차만별입니다. 비난이 많은 것은 그만큼 교회에 대한 기대가 큰 까닭이요, 칭찬도 상존하는 것은 그만큼 교회에 대한 사랑이 많기 때문입니다.

교회마다 존재하는 목적은 같지만 그렇다고 남들이 보는 것처럼 닮은꼴은 아닙니다. 서로 선의의 경쟁도 하고 좋은 인상을 주기 위해 화장도 합니다. 심지어 성직자가 연예인처럼 느껴지기도 하는 것이 오늘의 종교 풍속도입니다.

그런데 보이는 현상만으로 교회를 판단할 때, 교회가 지닌 열심과 진심이 그릇되게 전달되는 듯해 안타까울 때가 많습니다. 신앙적 열심이 현실적 욕망으로 비치고, 이타적 진심이 상대적 가치로 절하되기 십상입니다.

물론 교회에 책임이 있음을 부인할 수 없습니다. 교회에 대한 눈높이를 낮춰달라고 요구할 수는 없기 때문입니다. 이래저래 교회마다 고민이 늘어갑니다. 세속에 존재하는 거룩함, 그 역설은 교회를 더욱 교회답게 하라는 명령입니다.

> "사도 바울은 한 가지 자랑을 가졌다. 바로 자기 권리를 포기하는 자랑이다. 우리 자랑이 하나님의 영광이 된다는 의미에서 자랑이 많은 신자가 되어야 한다."
> – 최태용

50년 만에 되찾은 금메달

역대 올림픽 중에서 우리 민족에게 두고두고 감동적인 사건이 있다면 1936년 베를린 올림픽 마라톤입니다.

일장기를 달고 우승한 손기정 선수의 시상식 사진을 보면 지금도 가슴이 뜁니다. 머리에 나뭇잎으로 엮은 월계관을 쓴 채 고개를 푹 숙인 모습은 우리 민족의 자화상이었습니다. 그는 조국을 잃은 설움을 삭이고 있었습니다. 손기정 선수의 이 사진은 동아일보의 일장기 말살 사건으로 이어졌습니다.

해방이 된 후에도 손기정 선수는 일본인으로 기록되어왔습니다. 미국 L. A. 근교의 칼버시에 있는 올림픽 마라톤 탑에도 손기정 선수의 이름이 "기데이 손, 일본"이라고 새겨져 있었습니다. 이 동판이 "손기정, 한국"으로 바뀌기까지 무려 50년이 걸렸습니다. 그 당시, 사진에서 일장기를 지웠던 언론인들의 용기에 비해 오히려 해방 후 우리의 독립운동은 너무나 때늦었다는 반성이 듭니다. 50년 만에 되찾은 금메달은 비록 늦기는 했지만 민족의 독립을 실감하는 작은 계기가 되었습니다.

> "우리 민족은 수난의 여왕이라고 별명을 붙일 만하다. 그러나 우리 민족은 이스라엘처럼 초월적인 꿈이 없다. 비전 창조에 실패하였다. 고난의 민족인 우리를 향하신 하나님의 뜻은 무엇인가?"
> – 함석헌

오늘 해야 할 화해

 통일은 외적으로 구체적인 북한의 현실과 하나 되는 것이기 때문에 서로 만나고 선을 보는 과정이 필요합니다. 마찬가지로 우리 내부의 다양한 의견과 주장을 조율하고 커다란 틀을 만들어나가는 준비가 필요합니다.

 다행스러운 일은 우리 사회는 북한과 통일을 염두에 두면서 화해와 교류협력, 그리고 평화적인 공존이라는 과정에 대해 대체로 합의해왔습니다. 이제는 전쟁 같은 무력수단을 사용해야 한다거나 먹고 먹히는 통일을 주장하는 사람은 별로 없습니다. 안타까운 일은 어느새 통일해야 한다는 열망마저 상실한 점입니다. 다만 '우리의 소원'을 되풀이할 뿐입니다.

 사람들은 대개 통일을 미래를 준비하는 일로 여깁니다. 그 결과 통일은 전망이 요원하고, 시야가 불투명하다고 이해합니다. 그러나 통일은 바로 오늘 진행되는 구체적인 역사의 과정입니다. 화해는 우리 자신이 하는 일입니다. 교류와 협력도 우리 자신이 참여하는 일입니다. 오늘 해야 할 우리의 과제를 내일로 미뤄서는 안 됩니다.

> "나 혼자 꿈을 꾸면 그것은 한낱 꿈일 뿐이다.
> 하지만 우리 모두가 함께 꿈을 꾸면 그것은 새로운 현실의 출발이다."
> – 프리덴슈라이히 훈데르트바서(Friedensreich Hundertwasser)